················· 목회 개척 간증 수기 공모

목회 개척 수기

반야월성덕교회
안강열린교회
위대한빛교회
제자교회
청라기쁨의교회
하늘꿈교회
(가나다순)

나됨

목회 개척 수기를 펴내면서

황규식 목사

27년 전, 제가 서울 강동구 성내동의 지하를 세내어 교회를 개척할 당시에도 주변에서는 '이젠 개척시대가 지났다'는 말이 있었습니다. 그런데 그런 말이 지금까지도 많은 목회자들에게 정설처럼 인식이 되어 정말 교회개척에 대해 엄두도 내지 못하고 개척을 해보지도 못하고 패배의식에 사로잡히는 경우가 많아지고 있고, 나 자신조차도 언제부턴가 '아, 이젠 정말 교회개척시대가 지났구나….' 하는 생각을 갖게 된 것이 사실이었습니다.

그러던 중 작년 가을, 목사 월드 포털사이트(www.moksa.co.kr)가 개설되면서 나에게 개설기념 이벤트로 '개척교회 성공사례 수기' 이벤트에 시상으로 후원을 해 달라는 제의가 들어오게 되었습니다. 응모한 교회 중 세 곳을 선정하여 1년간 매월 10만원씩 후원하는 것이라고 해서 가벼운

맘으로 참여를 하게 되었는데, 접수된 성공사례 수기를 읽으면서 오히려 제 눈이 크게 떠지고 과거 나의 개척시절이 생각나며 동병상련의 마음으로 눈물을 훔치며 수기를 통해 큰 은혜를 받게 되었습니다. 그리고 '지금은 개척교회시대가 끝났다.'라고 생각했던 나의 마음이 '지금도 개척교회를 할 수 있다.'로 완전히 변하게 되었습니다.

그래서 시상범위를 확대하여 응모교회 중 열네 교회를 선정하여 그중 세 교회는 원래 정한 원칙대로 시상하고 세 교회를 포함한 열네 교회의 목사님 부부 모두를 모시고, 지난 12월 첫 주에 필리핀의 세부 인터내셔널 골프 리조트(Cebu International Golf&Resort)로 4박 5일간 여행을 다녀왔습니다.

어려운 상황 속에서 고생하시던 목사님 내외분들을 직접 만나 최대한의 사랑으로 대접하며 위로하고 또 격려하던 중, 이 귀한 은혜를 나만 아는 것이 아니라 지금도 교회 개척을 망설이는 많은 목회자들에게 용기를 주기 위해 간증 수기를 책으로 만드는 계획을 갖게 되었습니다.

"내게 능력 주시는 자 안에서 내가 모든 것을 할 수 있다."(빌 4:13)는 말씀은 지금도 살아 그대로 역사되고 있는 하나님의 말씀입니다. 예수님께서 핏값으로 사신 교회(행 20:28)를 세워 주 예수님의 보혈의 은혜를 전하는 일은 하나님의 큰 뜻이고 소원이시기에, 하나님께서 반드시 도와주시고 축복해 주실 것입니다.

목회의 성공과 실패는 성도의 많고 적음이나 교회의 크기가 아니라, 누가 끝까지 목회를 완주하고 있느냐가 기준이라고 생각합니다. 지금 한국의 크리스천의 숫자가 부풀려서 1천만 명이라고 해도, 아직도 4천만 명이 불신자이기에 지금도 영혼구원을 갈망하는 목회자들의 교회개척이 계속해서 이어져야 합니다.

솔직히 부교역자 생활만 하는 목회자는 예수님의 마음을 헤아리기가 어렵습니다. 그리고 다른 교회에 청빙되어 사역하는 목회자들도 하나님 아버지의 마음을 온전히 헤아리기가 쉽지 않습니다. 하지만 작든 크든 성도의 숫자에 관계없이 천하보다 귀한 한 영혼을 전도하며 양육하여 목회하는 개척교회 목회자가 될 때에야, 비로소 우리를 사랑하시는 하나님 아버지의 마음을 조금이나마 헤아릴 수가 있습니다.

저도 교회를 개척했을 때, 인근의 상가 3층에서 약 80여 명의 성도와 함께 목회하는 목사님을 먼발치에서 바라보면서 '아, 바로 저분은 예수님같이 훌륭한 분이시겠구나….' 하며 부러워한 적이 있었습니다.

하지만 나 같은 죄인을 구원하셔서 자녀로 낳아 주시고 또 주의 종으로 불러주신 하나님의 은혜가 너무너무 놀랍고 감사하는 마음에, 오직 주님만 바라보고 달려오다 보니 어느새 오늘의 목회를 감당할 수 있게 하심을 돌아보게 됩니다.

저는 지금도 교회개척은 얼마든지 가능하다는 확신을 갖고 그 마음을 함께 나누고자 이번 책을 발간합니다. 모쪼록 이 책이 교회개척을 망설이는 분들과 예비 목회자들에게 개척의 용기를 불어넣어 하나님께서 기뻐하시는 많은 교회들이 세워지고, 그 개척된 교회들을 통해 소외되고 힘들고 고통당하는 많은 영혼들이 구원받아 하늘나라 백성이 되길 소원해 봅니다. 샬-롬!

수지산성교회 황규식 목사

차례 / contents

목회 개척 수기

책 머리에 ... ▶ 3
차 례 ... ▶ 7

1 고요한 부흥을 꿈꾸며
　　　/ 반야월성덕교회 이상렬 목사 ... ▶ 9

2 교회 개척은 지금도 된다~
　　　/ 안강열린교회 이원희 목사 ... ▶ 39

3 나도 저렇게 목회를 하는 날이 올 수 있을까?
　　　/ 위대한빛교회 이영로 목사 ... ▶ 63

4 하나님은 불가능을 가능케 하는 전문가이다
　　　/ 제자교회 김형규 목사 ... ▶ 87

5 여호와께서 나와 함께하시면 할 수 있다
　　　/ 청라기쁨의교회 이승원 목사 ... ▶ 109

6 하나님이 일하시는 하늘꿈교회 개척 이야기
　　　/ 하늘꿈교회 김동석 목사 ... ▶ 129

7

1

고요한 부흥을 꿈꾸며

반야월성덕교회

이상렬 목사

고요한 부흥을 꿈꾸며

이럴 때는 아내가 고맙다. 새벽기도를 드린 후, 돋을볕이 어둠을 뚫고 불끈 솟을 즈음 평소와 다른 아내의 채근이 시작됐다.

"여보, 올 가을에 의미 있는 일 한 번 해보지 않을래요?"

어디에선가 개척수기 공모 안내지를 뽑아서 내 앞에 갖다 놓는다. 받아드는 순간, 살짝 가슴이 설렌다.

'기록된 만큼 존재한다.'는 말이 있다. 지난 개척의 여정을 글로 쓴다는 것, 개척의 발자취를 기록을 통해 다시 발견한다면, 이 어찌 가슴 벅차오르는 희열이 아니겠는가?

1. 들어가며

'반야월 성덕교회'는 대구시 동구의 변방, 햇살이 고르게 내려앉는 곳, 풀과 바람, 노을이 아름다운 곳에 자리한 작은 교회다. 어느덧 10년의 세월이 흘렀다. 지나왔던 날을 돌아보면 삶의 조각 하나하나가 주님이 베푸신 사랑의 흔적들이다. 개척교회 간증 수기를 통해 사랑의 기록, 실패와 회복의 은혜들, 이 모든 것이 하나님이 내게 주신 거룩한 음성이라고 생각하니 다 모아 고이 간직하고 싶다. 비록 거대하고 화려한 대부흥의 드라마는 아니지만, 그렇다고 학처럼 고매한 목회자의 인격이 드러나는 이야기도 더더욱 아니다. 그저 지난 여정을 걸으면서 묻어 있는 진짜 개척 生이야기들이다.

2. 개척 10년의 세 기둥

개척 10년이 지났다. 150명(청장년 100명에 주일학교 50명) 정도 출석한다. 부흥도 성장도 아니다. 겨우 자립이다. 사람들이 묻는다. 어떻게 자립을 했느냐고. 가장 대답하기 힘든 질문이다. 왜냐하면, 내세울 만한 목회적 이력이 없기 때문이다. 특별하고 별난 방법은 기억나지 않는다.

굳이 설명을 하자면 기본기에 충실했을 뿐이다. 곧 3가지다. 예배·전도·새벽기도다. 이 세 가지는 개척 10년 동안 교회의 본질이었으며 앞으로도 결코 변하지 않을 교회의 방향이다. 스스로 고무적이라 격려하고 싶은 게 있다. 그것은 늦은 성장이지만 매년 한 명이라도 늘었지 줄었던 적은 없었다는 것이다. 난 이것을 '**고요한 부흥**'이라고 말하고 싶다.

'개척 10년' 하면 생각나는 키워드가 있다. 예배, 첫 성도, 전도, 새벽기도다. 이 단어들을 중심으로 몇 편을 장면으로 구성해 보았다.

1) 예배- 개척 첫 예배

교회 개척, 첫날 첫 새벽을 맞이했다. 뜬눈으로 지샌 지난 밤이었지만 육신의 피곤함을 잊을 수 있는 이유는 시작이 주는 설렘 때문이었다. 첫날 새벽이라는 이 벅찬 마음은 나를 쉬 잠들지 못하게 했다. 그리고 또 다른 마음은 두려움이다. 그 두려움은 두 가지 이유에서다.

상가건물 5층에 교회를 두고, 예배당 옆에 칸막이를 쳐서 사택을 만들었다. 자리에서 일어나자마자 문만 열면 예배당이 되는 셈이다. 예배당 옆에서 이불을 깔고 몸을 누인다는 두려움이다. 또 하나는 한 번도 가보지 않은 미지의 세계에 첫발을 내딛는다는 낯섦이 주는 두려움이다.

4시 30분에 기상했다. 예배딩 안 미등을 끄고 강단 위에 올랐다. 잔잔한 새벽기도용 경음악을 틀어 놓고 강단 기도 자리에 앉아 마음을 가다듬었다. 눈을 감았다. 기도는 나오지 않고 목만 메인다. 요즘 내 눈이 수도꼭지가 되어 버렸나 보다.

오늘 새벽에 전할 성경 본문을 다시 한 번 읽고 나니, 말씀을 전할 오전 5시 30분이었다. 작전대로 아내가 조명을 켜고 나는 자리에 일어나서 단상에 올랐다. 전장에 나가는 비장한 장수와 같이 벌떡 일어나 뒤를 돌아보았다. 아~ 일엽편주(一葉片舟)가 이 모습일까. 망망대해에 띄워져 있는 작은 돛단배처럼 텅 빈 예배실, 그 한복판에 아내 혼자 앉아 있었다. 순간, 아내와 눈이 마주쳤다. 눈물이 쏟아질 것만 같은 아내는 고개를 아래로 떨군다. 실망감과 두려움을 애써 감추려고 힘을 잔뜩 준 아내의 그 눈빛은 앞으로 살아가는 날 동안 영원히 잊을 수 없을 것만 같다.

찬송가 209장을 불렀다. 아내의 찬송소리가 그렇게 큰 줄 몰랐다. 같은 마음이었으리라. 서로에게 용기를 주기 위함인지, 실망하는 모습을 보이지 않기 위해서인지는 알 수 없지만, 우리는 눈가에 이슬이 맺히도록 목청을 높여 크게 불렀다.

여호수아 1장 5~9절까지 본문을 읽고 말씀을 전했다. 혼자 있는 아내 앞에서 설교를 하기는 처음이다. 사실 아내에게 전한 메시지가 아니었다. 스스로 마음을 다잡기 위해 내게 전하는 말씀이었다. 비록 아직은 빈 예배실이지만 이곳에 결코 절망으로 채우지 않기로, 오히려 희망만 채워 나가자고, 절망의 담 한 모퉁이가 무너져내리고 좌절의 벽이 금이 갈 때까지 나는 결코 포기하지 않고, 희망의 복음만 전하겠다고 다짐하는 내게 전하는 약속의 말씀이었다.

'빈자리는 먼저 눈물로 채워야 하리라'는 마음의 소리를 나는 믿는다. 사방이 막힌 절망의 순간에도 내게 주신 주님의 사명과, 지금 내 앞에 가엾게 앉아 있는 아내를 위해서라도 결코 절망의 말을 하지 않기로 마음을 붙들어 맨다.

말씀이 끝나고 돌아앉아 무릎을 꿇었다. 절박한 기도가 저절로 터져 나왔다.

"하나님, 이제 시작입니다. 시작을 전능하신 하나님과 함께함을 감사합니다. 결코 실망하지 않겠습니다. 하나님을 철저히 의지하는 법을 배우겠습니다. 마지막 웃는 자가 최후의 승리자임을 믿습니다. 이 새벽에 승리를 안겨줄 하나님을 찬양합니다."

▼ 첫 새벽기도 현장

작게 열려 있는 창밖으로 치렁치렁한 어둠은 걷히고 희미하게 동이 터 오른다. 희망의 시작이 이런 것일까.

2) 첫 성도- 첫 성도 오다

개척, 마치 한 번도 가보지 않은 미지의 길을 나서는 것과 같다. 맞이하는 모든 순간이 최초다. 따라서 모든 순간이 낯설기만 했다. 개척과 동시에 우리 가족 네 명의 표정에서 웃음기가 사라졌다. 아이들 입장에서는 어땠을까. 열 살, 여섯 살, 두 녀석은 아직 교회개척에 대해서 이해할 만한 나이가 아니었다지만, 어느 날 갑자기 짐 싸서 이사를 가자기에 무작정 따라 나온 곳이 시멘트 냄새가 아직 매캐하게 남아 있는 상가 5층 건물이었다. 사택이 채 마련되지 않아 시멘트 바닥에 이불을 깔고 첫날 밤을 보냈으니, 아무리 어린 나이였어도 이게 소풍인지, 지금 심상치 않은 일이 일어난 건지는 감지했으리라.

우리는 두렵고 떨리는 마음으로 개척 첫 주일 예배를 맞이했다. 설교하기 위해 자리에서 일어나 강단에 섰다. 순간, 놀라 휘청~ 자빠질 뻔했다. 예상치 못한 일이 일어난 것이다. 30대 초반으로 보이는 한 여성분이 아내 앞자리에 나붓이 앉아 있었기 때문이다. 바람은 있었지만 사실 큰 기대는 하지 않았다. 아직 전도도 하지 않았고 교회를 알리지도 않은 터라 개척 첫 주일 예배자리에 누가 오겠냐는 스스로 내려놓은 마음이 컸던 것이 사실이었다.

　강단에 올라 첫 기도에 "감사합니다. 하나님, 감사합니다. 그저 감사합니다." 형식도 순서도 없이 감사기도만 연신 계속했다.

　신기했다. 교회를 홍보한 것도 아니고 십자가도 없는 교회에 어떻게 왔을까. 지나다가 한 번 들른 것일까. 본인도 신기한 듯 예배실을 두리번거렸다. 아무런 정보도 없이 왔다면 아내 외에 본인 한 사람뿐인 예배를 어떻게 생각했을까. 강단에 선 사람은 목사가 분명할 것이고 자신의 뒷자리에 앉은 여인은 그 목사의 아내임이 틀림없다면, 현재 내가 이 교회에 존재하는 유일한 출석교인이라는 것은 자명한 사실이 아니겠는가. 그러나 그 두렵고 부담스러운 상황을 그녀는 몰랐었다. 나중에 안 사실은 바로 이날이 자신의 생애에서 교회를 처음 출석한 날이었던 것이다. 처음 교회에 나온 그날이 교회가 처음 개척해서 주일 첫 예배를 드리는 날이었으며, 또 그날이 목사 가족 이외에 자기 달랑 혼자인 예배인 이 숨 막히는 상황이었다는 사실을 그녀는 전혀 몰랐던 것에 하나님께 감사한다.

　첫 주일 예배는 아슬아슬 그렇게 드려졌고 그 첫 성도는 자신이 훗날 우리 교회의 첫 성도, 첫 세례자, 첫 집사님이 될 것이라는 벅찬 징후도 모른 채, 순진하게 눈만 껌뻑이고 있었다.

　예배를 드리고 아내, 아이들 둘, 이렇게 성도 전체는 아파트 전도를 나갔다. 따가운 태양 아래 이리저리로 뛰어다니는 아내의 모습이 무척 애처로웠다. 멀찍이 떨어진 곳에서 약간의 소란한 소리가 들렸다. 아내가 수위 아저씨에게 전도지를 돌린다고 혼나고 있었다. 그 모습을 보는 순간, 달려가서 그냥 안아주고 싶었다. 장하다, 아내!

　지금껏 내가 가장 잘한 선택 두 가지를 꼽으라면 내가 지금 목회자의 길을 가고 있는 것이며, 또 한 가지는 지금의 아내를 선택한 것이다. 바보라고 해도 오늘만큼은 목청 높여 자랑하고 싶다.

　"나는 장가 하나는 참 잘 갔다~."

　아파트의 꼭 닫힌 철문만큼이나 세상은 우리를 향해 굳게 닫아 놓았다. 하지만 끄떡없다. 낙심하기에는 이르다. 힘내자! 푸르른 땅이 한순간에 이루어지지 않는 법, 한 번 심호흡을 하고 우리는 다시 다음 아파트로 이동했다.

　길을 걷다가도 전도지를 돌리다가도 하루를 보내는 동안 오전에 교회를 찾아왔던 그 여성도가 머릿속에서 남아서 떠나지 않는다. 지금껏 목회생활을 하면서 이토록 간절하게 누군가를 생각했던 적이 있었던가. 만약 개척을 하지 않았다면 한 영혼에 대한 절박한 심정을 어찌 알았을까.

아, 사람이 이렇게 귀할 줄 몰랐다. 부목사 시절, 교회 성도들과 내 담당한 부서 청년들에게 진작 이런 맘으로 다가가지 못한 것에 대해 죄스러울 따름이다. 그때는 몰랐는데 세월 지나 보이는 것이 있다. 그것이 바로 사람이다. 가까이 있는 사람에 대한 소중함, 그때는 왜 그것이 보이지 않았을까. 개척 후 예배당에 우리 가족 아닌 다른 한 사람을 처음 맞이한 후에야, 앞서 나의 사람에 대한 마음 씀이 얼마나 각박했나를 깨달았다.

집으로 돌아와 저녁예배 겸 가정예배를 드렸다. 아내와 아이들 앞에서 기도했다.

"하나님, 내 목양의 생애 동안 지금 이 마음 결단코 잊지 않게 하옵소서. 이 마음 하나만으로 배부르게 하옵소서. 풀이 마르고 꽃이 시들어도 성도를 향한 목자의 마음만큼은 결코 시들지 않게 하옵소서."

가슴에 사랑을 품고 희망을 담으니 세상이 이렇게 푸르게 보일 줄 몰랐다.

"우리가 선을 행하되 낙심하지 말지니 피곤하지 아니하면 때가 이르매 거두리라"(갈 6:9).

3) 전도- 결국은 전도다

교회는 5층 상가 맨 위층이다. 한여름 불볕더위는 건물 꼭대기 층을 찜통으로 만들어 버렸다. 더위보다 더 더운 이 답답함에 갇히기 싫었다. 기왕에 개척을 했으니 온몸으로 하루하루 치열하게 살아야겠다는 생각이 들어 아내랑 무작정 전도지를 들고 밖으로 나갔다.

인근 아파트 한 동 전체를 15층에서부터 내려오면서 문을 두드렸다. 초인종을 누르는 것은 실례가 될 것 같아서다. 30집의 문을 두드렸지만 한 곳도 열어주지 않는다. 역시 대구 사람, 복음 인심이 맵다. 또 그 가운데 교패가 붙어 있는 곳은 한 집뿐이었다. 대구의 복음화율(福音化率) 8%라고 하는데 이 수치도 의심스러울 정도로 믿는 자가 적다. 사람들을 만나보면 거의가 불신자다. 뿐만 아니라 대부분이 복음을 매몰차게 외면한다. 정확하게 말하면 눈앞에 있는 예수 믿는 사람을 거부한다.

그들이 오늘의 교회를 바라보는 시선은 왜곡되지만은 않은 것 같다. 다 옳은 소리다. 지금 우리는 그들에게 들어야 할 소리를 듣고 있다. 또 들어야 한다. 빛을 밝히지 못하고 소금 되지 못하는 교회를 세상이 적대하는 것은 당연하다. 유리하고 방황하는 영혼들이 있는 추수할 들녘을 바라보시며 민망히 여기셨던 그 옛날 주님의 안타까움의 대상이 불신자가 아니라, 세상 속에 빛을 잃어버린 오늘날 변질된 교회와 성도라는 이런 현실이, 무더위가 주는 숨막힘보다 더 답답하다.

"의인은 믿음으로 말미암아 살리라"(롬 1:17)고 했다. '믿음으로 의인 된 것'에 대해서는 귀에 딱지가 앉을 정도로 강조를 하는데, 왜 '살리라.'는 강조를 하지 않을까. 정말 잘 믿는다면, 정말 잘 살아야 한다. 믿는 한 사람이 세상 속에서 잘못 살 때, 자기 혼자만 비난을 받는 것이 아니라, 교회 전체가 비난을 받는다. 당연히 복음전파는 그 능력을 잃어버린다. 우리가 전달하는 복음이 그들의 귓가에 닿기도 전에 마음의 철창을 닫아버리는 이유는 일상 속에서 삶의 능력을 잃어버렸기 때문이다. 깨끗하지 못한 그릇에 음식을 담아 놓으면 그 음식마저 먹기가 싫어지듯, 정갈하지 못한 성도의 삶은 우리가 든 복음마저 매력이 없어 보이게 만든다. 따라서 복음의 능력은 곧 삶의 능력에서 온다는 것을 결코 잊어서는 안 된다.

아파트에서 한 건(?)도 하지 못했다. 갑자기 내 안에서 알 수 없는 오기가 일어났다. 이대로 그냥 돌아갈 수 없다는 생각이 들어 원룸이 있는 곳으로 발걸음을 옮겼다. 예닐곱 집의 문을 두드렸지만 계속해서 외면당했다. 골목 어귀 목재 건물 앞을 지나는 순간, 갑자기 문 앞에 매여 있는 개 한 마리가 우리에게 와락 달려들었다. 깜짝 놀라 뒤로 물러서다가 하마터면 자빠질 뻔했다. 개까지도 우리를 무시하는 것 같았다. 발로 확~ 차 버릴까 생각하다가 내일이 복날이라서 참았다.

개를 묶어 놓은 집을 오늘 전도할 마지막 집으로 여기고, 한 번만 더 문을 두드려 보자는 심정으로 2층집으로 올라가 노크를 했다. 안에서 남자 목소리가 들렸다.

"누구세요?"

우리 중, 목소리 담당인 아내가 예쁜 목소리로 말했다.

"인근 교회에서 왔어요~."

여기에서 아내의 목소리를 자랑하자면 지상 최고다. 아내에게서 가장 큰 자랑거리는 단연 목소리다. 어떤 악조건 속에서도 아름다운 목소리를 자유자재로 구사할 수 있다. 잠을 자다가도 전화가 걸려오면 꾀꼬리와 같은 소리로 "여보세요~"라고 할 수 있으며, 나와 심각하게 말다툼을 하다가도 밖에서 누가 부르면 언제 그랬냐는 듯이 "네~ 집샤니~임~"으로 변한다. 천의 소리를 지닌 아내의 전화 목소리는 정말 백만 불짜리다. 얼굴을 보지 않고 들으면 웬만한 남자들은 다 반하지 않을까. 내가 그 옛날 그랬으니까. 은쟁반에 옥구슬 굴러가는 아내의 목소리를 이 지면에 표현할 수 없다는 것이 섧기만 하다.

방 안에서 한 남자의 소리가 들려왔다.

"아~ 그래요, 잠깐만요."

개를 발로 안 차길 참 잘했다는 생각이 든다. 남자 한 명이 문을 열고 나와서 반갑게 맞이한다. 당연 아내의 아름다운 목소리 때문이었으리라. 문이 열리고 남자가 아내를 보는 순간, 이내 표정이 굳어졌다. 왜일까. 아내의 외모가 목소리를 뒷받쳐 주지 못해서일까. 아니면 외모보다 목소리가 과도하게 뛰어나서일까. 목소리보다 외모보다 더 매력적인 아내의 내면을 어찌 알리요.

그 남자, 전도 많이 당해본 듯하다. 문 앞에서 문고리를 딱 잡고 버티고 있다. 나는 신속히 오른발을 문 안으로 집어넣었다. 잠시 동안 신경전이 벌어진다. 분명 그도 베테랑이다. 집에 들어갈 틈을 주지 않는다.

"잠시 얘기 나눌 수 있을까요?"

"아니요, 오늘은 좀…."

"아, 네. 미안합니다. 그럼 다음 주 화요일에 다시 한 번 들러도 되겠습니까?"

"네, 그렇게 하시죠."

다음 주 화요일에 다시 한 번 문을 열어준다면, 나의 경험상 3개월 안에 그 남자의 닫아놓은 여리고 성은 무너질 것이다. 그래도 오늘 한 집의 문이 열렸으니 이만하면 보람찬 하루가 아니겠는가.

한여름날, 하루를 버티며 얻었던 교훈 두 가지가 있다. 하나는 무엇이든지 '끝까지 포기하지 않으면, 마지막에 열린다.'는 것, 또 한 가지는 전도하다 열받는다고 절대 '개 차지 말라'는 것이다. 개에게도 선을 베풀 때, 주인집 문이 열릴 수 있으니 귀한 깨달음이 아닌가.

교회로 돌아오는 길, 플라타너스 너른 잎을 흔들고 지나가는 바람 한 줄기가 내 옷깃 속으로 시원하게 스미어든다. 종일 땀을 흘려 축축한 옷보다 더 눅눅한 내 마음, 그새 보송보송해졌다.

오늘따라 주님이 참 그립다.

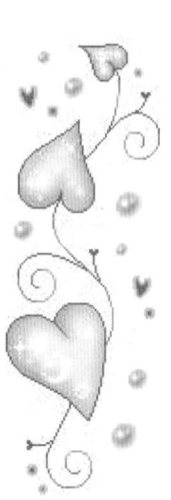

◀ 아파트 전도 현장

4) 새벽기도- 새벽기도 최고 동역자는 아내

　부부, 개척교회 목사 부부는 새벽이면 분주하다. 그러면서도 둘만의 특징이 있다. 늘 부족한 수면에 일어나는 두 사람. 새벽, 둘 다 눈이 떠지질 않아 비비적대며 피차 말이 없는 것이 특징이다. 비록 아무 말이 없어도 역할분담은 충실하다.

　새벽 자명종은 아내가 끈다. 핸드폰은 내가 끈다. 나는 교회 현관 불을 켜고 엘리베이터를 타고 1층으로 내려가 상가 문을 연다.

　엘리베이터 벽면에 기대어 잠이 덜 깬 내 얼굴을 가만히 쳐다보노라면, '이건 목사의 얼굴이 아니다' 싶은 생각이 들 때가 있다. 떠지지 않는 눈을 억지로 뜨려고 애쓰는 동안 눈썹은 치켜 올라가고 눈꺼풀은 내려가 있어 사정없이 일그러진 눈두덩이, 넥타이는 마치 끈 풀린 팬티 고무줄마냥 헐렁하게 처져 가슴까지 내려와 있다. 헐크가 감기약을 먹은 모습이 곧 이 모양일까.

　아내는 더하다. 머리는 산발이다. 앞에서는 확인할 수 없지만 옆이나 뒤에서 보면 한쪽이 납작하게 눌려 있는 것은 기본 스타일이다. 간혹 까치집도 지어져 있다. 옷매무새는 패션쇼장에서 모델들이 입은 옷이 이보다 자유분방할까. 위에는 잘 차려입었지만 대개의 경우, 장의자 밑에서 보이지 않는 곳엔 기본 슬리퍼 패션이다.

세상에서 가장 아름다운 여성의 모습이 언제일까? 어떤 이는 목욕 후의 모습이라고 하는 사람도 있고, 혹은 결혼식장에서의 모습이라고 말하지만, 나에게는 '새벽기도에 산발해 앉아 있는 모습'이 제일 아름답게 보인다.

5시 29분, 아내는 본당에 불을 켜고, 나는 기도를 돕기 위한 경음악을 켜고 단 위로 오른다.

묵묵히, 그리고 신속하고 일사분란하다. 그날 새벽, 기도하는 성도가 우리 이외에 한 사람이라도 있으면 그날 새벽기도회는 참으로 충만하다.

이것이 우리 두 사람만이 누릴 수 있는 새벽의 재미다. 오늘도 기도하며 다짐한다. 우리 두 사람만이라도 서로 버티면서 굳건히 서게 해달라고. 혼자 서는 것보다 부부가 같이 서면 힘이 된다.

개척교회의 목사와 사모는 억만금의 돈을 벌기 위해서도 아닌, 오직 하늘의 부르심을 위해 1년 365일 어김없이 비몽사몽 중에서도 손발을 맞추며 새벽을 깨우는 특이한 형태의 사람들이다. 타인이 갖지 못한 귀한 삶의 체험들 속에 살아가기에, 이따금 하나님을 향해 상한 심령으로 부르짖기도 하지만 그것보다 더한 묘한 감사와 일상의 기쁨으로 중독처럼 새벽을 깨운다.

목사와 사모의 길을 오직 하나님만이 아시기에, 나중에 나올 정금 같은 아름다움을 그려보면서 이 개척의 길을 마다하지 않는다. 오늘도 '감기약 먹은 헐크'와 '산발한 새벽 여인'은 서로를 바라보며 미소 짓는다.

우리 두 사람만이라도, 또 이렇게라도 서로 버텨 서자고.

▶ 주일 오후예배
(축복의 시간)

3. 개척 제2기와 가난한 행복

2015년 8월, 드디어 대로변의 5층 건물을 매입했다. 우리의 꿈을 펼칠 개척 2기가 시작된 셈이다. 사립도서관/북카페, 복지문화센터를 통해서 지역을 섬기기 위해서다.

교회는 자립을 넘어 도약을 맞이했지만 목사의 경제적인 삶은 나아지지 않는다. 사람들은 얘기한다. 교회가 자립하게 되면 목사의 물질 형편도 뚜렷하게 나아졌을 것이라고. 건강하고 정상적인 목사는 그렇지 않다. 교회 성장과 상관없이 목사의 생활은 소박한 삶을 추구해야 함이 옳다. 교회가 제 할 일을 다하면 재정은 빠듯할 수밖에 없다. 교회의 형편에 목사의 생활비를 넉넉하게 채울 여지는 남지 않는 게 모든 개척교회의 형편이니 말이다.

마무리하면서 유난히 매서웠던 지난겨울에 있었던 작은 이야기를 소개할까 한다.

나는 없이도 잘 사는 법을, 하나님을 가장 사랑하셨던 장로님이신 아버지로부터 배웠다. 한평생 시골 초등학교 교사로 아들 4형제를 키우셨던 아버지, 늘 가난하지만 애써 부유함을 따라가지 않고, 소유가 적어도 깊은 시름없이 잘 사는 법을 가르쳐 주었던 아버지였다. 가난한 사람은 단지 돈을 가지지 못했을 뿐이지 반드시 못 산다고 볼 수 없다. 가난해도 잘 사는 사람이 얼마든지 있다. 나 역시 가난해도 잘 살고 있다고 생각하는 사람 중의 한 사람이다.

그런데 부자가 되는 것이 최고의 가치라고 부추기는 이 시대에 가난하면서도 잘 사는 것이 어디 쉬운 일인가. 미디어마다 가난은 악, 부는 곧 선이라고 쉴 새 없이 떠들어댄다. 어느덧 '없이'라는 현실 앞에 '잘 산다'는 이상(理想)은 맥없이 항복하고 만다.

오늘처럼 바깥세상이 시끄러울 때, 내면의 소리라도 듣고 싶어 나 스스로에게 질문 하나를 던져 보았다.

"어이, 잘 살고 있는가?"

오늘만큼은 자신 있게 대답을 못 하겠다. 분명한 것은 가족들 앞에서는 잘 살고 있는 아빠는 아닌 것 같다.

아버지로부터 배웠던, 부자가 아니어도 잘 사는 법을 이제 개척교회를 섬기는 내가 아들에게 가르쳐야 하건만, 이렇게 무력할 줄 몰랐다. '가난하게 사는 것'은 마음만 먹으면 절로 실천 가능한 일이지만 '잘 산다는 것', 즉 적게 벌어도 부족함 없이 자족의 삶을 산다는 것은 혼신의 힘을 다하여 자신과 싸워야 할 문제가 아니던가.

▼ 새 예배당 건축(1층 북카페)

또 목사인 나는, 내가 좋아서 개척의 길을 갔다지만 제 의지와 상관없이 출생과 더불어 아버지의 가난을 따라야 하는 아이들에겐 경우가 다르다. '없이 사는 법'과 '잘 사는 법'을 동시에 가르친다는 것은 때론 가혹한 게 아닌가 싶다.

마음이 가난하면 그곳이 천국이라고 믿기에, 좁은 길 위에서 착한 사람들과 더불어 여원 사랑 주고받는 재미로 저벅저벅 걸어왔다. 한 번도 나의 가는 길을 부끄러워해 본 적이 없었다. 언젠가 아들에게 물은 적이 있다.

"아빠가 목사인 거 부끄럽니?"

아들은 조금의 망설임도 없이 대답한다.

"아뇨~, 난 아빠가 자랑스러워요. 돈 없는 거 빼고."

새벽기도를 가기 위해 나섰다. 수능을 막 치르고 대학 입학을 앞둔 고3 아들이 칼바람이 부는 새벽에 어디론가 서둘러 나간다. 어딜 가느냐고 물어도 대답을 않는다. 아이 뒤에서 걱정스럽게 바라보는 아내도 아무 말이 없다. 아침 식탁에서 중학생 딸아이가 말한다.

"오빠, 공사장 막노동 갔어. 등록금 번다고."

식탁에서 일어나 골목으로 나왔다. 골목은 논두렁길과 연결되어 있다. 도심 속 시골 길인 셈이다. 내가 사는 동네는 도시 반 시골 반, 아직까지 시골의 정취를 느낄 수 있는 곳이다.

길을 걸었다. 아침공기가 깨질 듯 맑다. 주변의 사물들이 내게 말을 걸어온다. 요즘따라 말없는 것들이 참 부럽게 느껴진다. 말 없는 하늘, 말 없는 나무, 말 없는 바람…, 그리고 말없이 흔적 없이 살다 간, 없이도 잘 살다간 하나님을 최고로 사랑한 아버지가 정말 존경스럽다.

싸늘한 겨울바람 한 가닥이 텁텁한 가슴을 쓰다듬고 지나간다. 아직 내려놓지 못한 욕심, 바닥 깊이 깔린 자존심, 논두렁길에 다 내려놓고 싶다. 이슬 먹은 아침 공기가 아들에 대한 마음을 도려내는 미안함까지 감싸안는다.

사택으로 올라왔다. 아들의 방문을 열었다. 벗어놓은 아들의 쪼그라진 추리닝에 아직 온기가 남아 있다.

내일 새벽엔 눈이 펑펑 내렸으면 좋겠다.

▶ 개척 10주년 감사예배 (학생부 특송)

4. 나오며- 고요한 부흥을 꿈꾸며

우리는 아직도 작다. 작지만 꿈마저 작지는 않다. 그 꿈에 예수 그리스도의 생명력이 있다면 그 무엇보다도 위대한 것이다. 일종의 '작은 신비로움'이다. 이리떼 속의 양떼, 밭에 감추인 보화, 가장 작은 겨자씨, 가라지 속에서 자라는 알곡, 밀가루 반죽에 넣은 작은 누룩, 이 모든 게 작지만 강한 생명력이 있기에 큰 것이다.

반야월성덕교회가 이 '작은 운동'에 불씨(메시지)가 될 것이다. 이것이 작고 건강한 교회, 성덕의 꿈이다.

▼ 새 예배당 전경

나는 10년 동안 개척교회의 성도들을 보아왔다. 이들은 하나님이 내게 주신 선물이다. 눈을 감으면 그저 눈물밖에 나지 않는다.

고맙고 미안하고 사랑스런 사람들, 이들을 생각하면서 수기 끝에 '작은 교회 사람들'이라는 단상 한 편을 덧붙인다.

작은 교회 사람들

서로의 가장 작은 몸짓까지 보게 되는 것이
작은 교회에 다니는 사람들
정해놓지 않고서도 제자리가 있기에,
그곳에 그가 없으면
예배 시간 내내 언제 오려나 궁금해하는 사람들
예배당 문 열리는 인기척 하나에도 가슴이 설레고
나 아닌 한 사람만 있어도 온기를 느끼는 사람들
모자실에서 까르르 웃는 아기 웃음에도
언젠가 다가올 부흥의 때를 상상하며
해보다 밝은 미소를 띠는 사람들
성경 찾는 시간, 책장 넘기는 소리 함께 들을 수 있고
설교 단상에서 목사의 꼴깍 침 넘기는 소리도
들을 수 있는 사람들

등록한 지 한 달이 지나면 전 교인과 친해지고
두 달이 지나면 신비감이 사라지고
석 달이 지나면 단점까지 다 본 후,
그다음부터 진정한 가족이 되는 사람들
동트는 주일 아침
한 움큼의 햇살에도 고마워할 줄 알고
주일 저녁
사그라지는 노을을 함께 보며
내일부터 시작될 한 주간의 승리를 응원하는 사람들
내 사랑하는 사람들.

■ 이상렬 목사

- 교회: 반야월성덕교회
- 주소: 대구시 동구 동호동 동호로2길 25-9번지
- 교단: 대한예수교 장로회(합동) 수성노회
- 전화: 010-2525-2060

✱ 이상렬 목사는 …

이상렬, 나는 작고 한 순진한 동심 속에, 백두보다 더 높았던 경산 자인의 도천산 한 자락에서 태어났다. 원산지 '자인', 1967産 순수토종 찌그러진 양푼이로 불렸다. 그냥 그렇게 살리라고 남들 다 가는 넓은 길을 가기 위해 시골 소년 대구에 입성, 잠시 사심의 세월을 보내다가 하나님과의 '행복한 인생 데이트'를 시작했다. 나보다 너를 위한 삶이 내 운명이라 여기며 살다가 갓난아이 터지는 울음을 막을 수 없듯, 내 안에 소년 때부터 고이 숨겨 놓은 풋풋한 꿈 하나가 울음을 터뜨렸다. 신학으로의 입문, 인생이 뜨겁게 달구어지기 시작했다.

어중간한 것, 곧 내 삶을 말해주는 말이다. 덥지도 차지도 않는 미지근한 인생이었다. 내가 들여다봐도 졸음이 올 정도다. 이제 나이가 드니 중간치도 힘들다. 남들 한두 번이면 붙는 운전면허를 열다섯 번씩이나 낙방해 심히 덜 떨어진다는 말을 들으며 산다. 자다가 인공호흡기 꽂고 병원에 실려 간 적도 있는 부실한 몸이다. 시내 한복판에 띨어뜨려 놓으면 내 힘으로 집으로 찾아오지 못하는 천하에 보기 드문 길치다. 아직까지 혼자 힘으로 은행 CD기 사용도 못하는 이 사회에 적응 불가능한 기계치다. 나는 분도, 화도 잘 내지 못한다. 그냥 속으로 꾹꾹 눌러 삭인다. 겉으로는 히죽히죽 웃지만 안으로는 끙끙 앓는다. 풀밭에 침을 뱉으면 아마도 그곳의 풀이 죽지 않을는지.

총신대학교 신학대학원(신학), 영남대학교 대학원(경영학 석사), 대구조야교회 전도사(교육), 대구수산교회 전도사(교육), 대구성덕교회 부목사의 길을 걸었다. 지금은 논두렁길에 서서 고층 아파트를 볼 수 있는 대구의 변방, 반야월에서 반야월성덕교회를 개척하여 비록 미미하지만 한 움큼의 햇살에도 감사하고, 바닥에서도 아름답게 사는 법을 배우고 있다.

어두울수록 밝은 노래를 부르고 싶어 현(現) 수필가, 수필 평론가(제주 영주 신춘문예 수필 당선, 크리스챤 신춘문예 수필 당선, 계간 영남문학 등단, 계간 기독교 문예 등단, 에세이스트 평론 등단, 매일신문-매일춘추 연재, 매일

▼ 주일예배 모습

신문-문화칼럼 필진, 좋은 생각, 대구일보, 국가보훈처 필진)로 활동 중이다.

  나는 지금의 평범하고 밋밋한 삶을 사랑하고 존중한다. 길거리에 굴러다니는 돌 하나에도 사람 사는 이야기를 들으며, 반야월 시장, 바쁜 소시민 속에서도 역동하는 세상을 본다. 갓 태어난 아기의 해맑은 눈동자 속에서 하나님의 메시지를 듣고, 예배 참석하기 전 숨 가쁘게 국수 한 그릇 말아 먹는 푸석한 중년의 삶 속에서도 일상의 신비를 느끼며 산다.

  이만하면 괜찮은 인생이 아닌가.

▼ 주일예배 후

2 교회 개척은 지금도 된다

안강열린교회

이원희 목사

개척의 시작은 이렇게~

19 95년 1월 추운 겨울, 선배 목사님의 소개로 알게 된 경주시 안강읍 산대 지역, (주)풍산금속 안강 공장이 생기면서 읍지역에서 10km 떨어져 있는 면단위의 11만 평이 형성된 곳이다.

아내와 두 살, 세 살 남매를 데리고 개척은커녕 자기 앞가름도 못하는 29살 초보 전도사가 간 크게 개척에 나선 것이다. 하나님께서 그렇게 이끌어 주셨다.

누군가 무식하면 용감하다고 했던가!

개척 자금은 경북지방(기성) 경주, 포항 목회자 모임인 동해 교역자 선교회에서 교회를 개척하기 위해 목회자들이 생활비를 십시일반 모아온 3천 5백만원을 지원받고, 개척자가 1천만원을 헌금하여 준비되었다.

무슨 믿음으로 시작을 했는지, 당시 전도사가, 5천만원(아내 직장 퇴직금 포함)이라 하면 엄청난 돈이었다. 그 돈이면 다 되는 줄 알았다.

개척할 장소를 추운 겨울 물색하기 시작했다. 11만 평이

조성된 지 10년이 지났는데도 건물은 많지 않고 아파트 1천 5백 세대 외에는 빈 땅들뿐이었다.

상가 건물 임대료가 전세 5천만원에서 6천만원이었다. 개척 자금은 5천만원뿐인데 상가 임대료가 너무 비쌌다. 내부 인테리어·성구 등을 생각하면 암담하기만 했다.

기도하던 중, 그럼 차라리 상가 건물보다는 땅을 한 번 알아볼까 하는 생각이 들어서 부동산을 통해 돈에 맞는 땅을 찾기 시작했다.

안강읍 산대리 2412번지, 대지 86평 6천 3백만원, 11만 평 중 비교적 중앙에 위치했고 좋아 보였다. 일단 믿음으로 계약했고, 개척의 첫발은 그렇게 시작이 되었다. 우리의 마음을 보시는 신실하신 하나님께서 모자라는 땅값은 이 소식을 들은 감찰 내 교회에서 헌금도 해주시고, 선배 목사님 섬기는 교회에서 설교 후 헌금도 해 주시고, 하나님께서 여기저기에서 까마귀를 보내주셨다. 믿음으로 시작을 하면 하나님께서 도우신다는 것을 알게 되었다. 이렇게 해서 2월에 하나님의 성전이 될 땅을 매입하게 되었다. 졸지에 땅을 가진 초보 전도사가 되었다. 그 기쁨이란 말로 표현할 수가 없었다.

기쁨도 잠깐, 문제는 개척 비용을 대지 매입에 다 사용했으니 건물이 문제였다. 일단 네 식구가 살 집을 월 5만원으로 방 한 칸 월셋집을 얻었다. 천장은 쥐들이 뛰어다니고, 부엄은 소 마구간으로 사용하던 곳이라 방보다 더 크고, 춥기는 왜 그렇게 추웠던지…! 아내에게 미안하고, 아이들에게 미안했다. 생활비는 동해 교역자 선교회에서 1년차 30만원, 2년차 20만원, 3년차 10만원을 지원해 주었기 때문에 당분간 방세와 아이들 우유 값, 최소 생활의 걱정은 덜게 되었다.

눈만 뜨면 성전 부지로 가서, 땅을 밟고 기도하는 일이 하루의 일과였다. 성전을 지어야 교회를 시작할 수 있는데…. 도와주세요. 기도가 절실했다. 전교인 4명의 간절한 기도가 시작되었고, 주일과 수요일은 가정에서 예배를 드리면서 4-5개월이 흘러갔다.

하나님께서 불쌍히 여기셔서, 여러 도움의 손길 속에서 조립식 건물 30평(사택 7-8평 포함)을 건축업자와 같이 일을 하면서, 드디어 95년 7월 10일 동해 교역자 선교회 주관으로 창립 예배를 드렸다. 장의자도 없이, 강대상도 중고로 구입해서 등록 성도는 없어도 30평을 가득 채워 드린 예배를 어찌 평생 잊을 수 있을까! 그 감격과 기쁨은 지금 생각해도 가슴이 벅차오른다. 시작만 하면 하나님께서 역사하심을 경험하게 되었다.

처음으로 우리 부부는 벽돌쌓기·시멘트 작업 등 해보지도 않았던 건축에 관한 일들을 닥치는 대로 하게 되었다. 지금 생각해도 아내와 아이들에게 미안하기만 하다. 그렇게 시작된 주님의 교회, 너무나 감사하고 기뻤다. 지켜보던 이들도 안도의 한숨을 내쉬는 것 같았다. 오직 하나님의 은혜였다.

창립 예배를 드린 다음날, 어느 권사님 한 분이 새벽기도를 나오셨다. 우리 가정과 성전 짓는 것을 지나가시면서 보셨단다. 불쌍히 여기시고 하나님께서 보내 주셨다. 우리 4식구만 예배를 드리다가 한 분이 오셨는데 얼마나 좋았던지

▼ 86평 개척부지

◀▲ 30평
창립교회
모습

(새벽기도만 참석해도) 개척하고, 성전 짓고, 애들 키우며, 몸은 지치고 힘이 많이 들어 몹시 피곤했었다(몸무게 52~53kg). 교회를 개척해 놓고 육신의 생각은 쉬고 싶은데 하나님께서는 새벽기도 훈련을 시키셨다. 권사님이 새벽마다 나오시니 전도사가 안 나갈 수가 없었다.

그렇게 시작된 새벽기도가 지금까지 이어져 오고 있다. 돌이켜 보면 하나님의 훈련이었다. 새벽 기도를 성실히(억지성이 있었지만) 하게 되었다. 전도는 교회 알리기와 만난 사람 중 가능성 있는 분은 지나가면서 들렀다며 손에 간식거리를 들고 심방했다. 이웃집 놀러가듯이 마음이 열린 사람을 찾아 다녔다.

그렇게 부부가 전도를 갔다 오면, 두 남매는 우리를 기다리다가 지쳐 씻지도 못하고 잠이 들어 있었다. 그 모습을 보면서 마음이 많이 아팠다. 또 그 어린것이 오빠라고 동생 손을 꼭 잡고 잠들어 있었다. 아이들도 훈련을 받은 셈이다. 지금은 아들 녀석이 신학교 4학년, 목회를 한다고 하니~ 같이 훈련을 받은 셈인 것이다.

조금씩 소문이 나면서 한 사람 두 사람, 등록을 하기 시작했고, 새벽기도 나오신 권사님은 2호 성도가 되었다. 지금도 여전히 새벽기도의 자리를 지키고 계신다.

등록된 성도는 1:1 기초 성경공부를, 교회 못 오시면 집으로 찾아가서 12주를 하였다. 그 사람의 형편에 맞추어서 새벽이든, 밤이든 꼭 이 과정을 하게 하였다.

성경도 가르쳤지만 만나면서 정이 들어갔다. 부부가 같이 가서 하기도 하고, 남성은 목회자 혼자, 여성은 아내가 가서 가르치기도 했다. 그리고 1:1 성경공부뿐 아니라. 전교인 성경공부를 전·후반기 나누어서 일 년에 두 번은 꼭 하게 하였는데, 대부분 성경공부를 너무나 좋아하셨고, 그때 공부한 사람들은 거의 교회의 구성원이 되었다. 그리고 그렇게 배운 권사님 한 분은 새로운 가족에게 똑같이 가르치기 시작하여 많은 사람들이 정착하게 되었다.

그리고 우리도 도움을 받았으니 우리도 선교해야 된다고, 개척 시작부터 여러 곳을 정하여 선교비를 보냈다. 1년에 한 두 번은 노인 초청 잔치를 꾸준히 했다. 그랬더니 마을에 좋은 소문이 나면서 교회에 대한 평판이 좋아지기 시작했다.

그러면서 3년 동해선교회에서 지원하는 생활비를 마칠 때쯤에는 교회가 자립이 되었다. 할렐루야! 메마른 대지 위에 생명의 싹을 피우듯이 개척된 교회는 땅을 박차고 머리를 내밀어 자립을 하게 되었다. 그렇게 세워지기까지 하나님의 은혜요, 그리고 많은 교회들이 선교비를 보내 주셨고 기도해주신 덕분이라고 말하지 않을 수가 없다. 지금도 생각하면 그분들이 고맙고 감사하다.

5-6년이 지나자 재정도 해마다 조금씩 나아지고, 식구들도 아이들을 포함해 60-70명이 되었다. 모두 하나님의 은혜였다.

어린이 때문에 교육관 사택을 증축하다

매주 장소가 부족했다. 특히 어린이 예배 장소가 없었다. 그래서 30평 옆에 1층 교육관 20평, 2층 사택 20평 총 40평을 철골을 세워 판넬로 건물을 지었다.

순전히 어린이들이 많아진 것이 동기가 되어 시작이 되었다. 매주 이슬비 전도 편지를 적어서 보내기 위해, 일주일 중 하루는 접촉점을 맺기 위해, 아파트마다 돌아다니며 교회 홍보와 전도를 했더니, 알게 모르게 교회가 알려졌다. 특히 어린이들이 마땅히 놀 곳이 없는 지역이어서 교회에 와서 놀고 하다 보니 예배에 참석하는 아이들이 늘어나기 시작했다. 특히 어린이들에게 큰 변화를 일으킨 윙윙 세미나를 교사들이 직접 참석하여 배워 열심히 하다 보니, 재미있는 예배에 어린이들이 점점 많아지게 되었다.

이 어린이들이 제자훈련도 받고 하면서, 청소년 시기를 지나도 구원의 확신 가운데 주님의 제자로 지금도 멋진 청년들로 성장해 있다.

▶▼ 교회의 원동력이 된
　　어린이 예배의
　　다양한 활동들

우리는 지금도 어린이들이 교회 부흥시켰다고 믿고 있다. 이때도 공사 금액이 부족해서 은행 대출을 해서 교육관을 지었다. 가진 것이 없어도 믿음만 있으면 할 수 있다는 것을 나는 배웠다.

이 시기는 어린이들 때문에 행복했다. 교육관이 생겼으니 예배도, 게임도, 그리고 1박 2일 수련회도 많이 가졌다. 개척한 작은 교회였지만 지역에서는 그래도 좋은 교회, 열정이 있는 교회, 타 교회 성도들이 간혹 부러워하는 교회로 소문이 났다. 지금은 아이들도 줄고 아이들에 대한 열정도 식어버린 것 같아 죄송하고 안타깝다.

개척 교회 목사의 마음은 늘 멍들어 있다. 성결교회라 타 교단에서 오신 분이 다른 교회로 가버리는 일, 아이들이 싸우거나 문제가 있으면 늘 우리 아이들만 혼냈다. 경제적 어려움은 끝나지 않았고, 새 옷 한 번 사 입히지 못하고 늘 가난한 목사의 자녀들이었다. 아내에게는 박봉의 사례비로 헌금은 본이 되게 많이 하라고 했으니 힘이 들었을 것이다. 그러나 어느 목회자인들 이런 경험이 없을까?

고난도 유익하게 하셨으므로 감사할 뿐이다.

이 시기는 봄 학기, 가을 학기를 나누어서 성경훈련학교를 개설해서 꾸준히 했다. 공부 많이 시키는 교회라는 소문이 있었지만 1:1 기초 성경 공부와 성경훈련학교는 지금도 실시하고 있다. 그런 모습이 주님 보시기에 예뻐 보이신 것이 아닐까 싶다.

그리고 성장 노하우는 의자를 처음부터 많이 두지 않았다. 항상 조금만 여유가 있게 했다. 그래서 항상 이 자리만 채우면 된다, 이 정도는 전도할 수 있다는 생각을 가졌다. 우리는 부흥하고 있다는 마음이 언제나 우리에게 있었다.

한 사람이라도 최선을 다해 섬겨주었다. 시골이라 교통이 불편한 병원·시장·개인 볼일들을 주께 하듯이 섬길 때 한 사람씩 정착하였다. 그때 섬겼던 성도들이 아직도 교회 일꾼으로 섬기고 있으니 감사한 일이다. 이렇게 눈에 보이지 않게 조금씩 성장해 갔다. 모두가 하나님의 은혜였다.

▲ 40평 교육관
▶ 사택 모습

행복한 고민, 넓은 땅을 주소서!

10년 가까이 되면서 교회 주위로 하나둘씩 술집·노래방·식당이 생기기 시작하여 차량이 많아지고, 어린이들이 좁은 공간에서 사고의 위험도 생기기 시작했다.

새벽기도 시간이 되면 술 먹고 싸우는 소리, 콜택시 경적소리, 환경이 이렇다 보니 기도가 저절로 나왔다.

"하나님, 넓은 땅 주세요. 교회를 옮겨야 되겠습니다."

자연스럽게 성도들도 공감을 하고 기도하기 시작하였다.

그러나 현실은 언제나 그렇듯 모아둔 헌금도 없고 빠듯한 재정에 이제 겨우 걸음마해서 걷기 시작했는데, 그리고 앞서서 할 만한 재력가도 없었고 하루하루 살아가는 성도들뿐인데…. 이 일도 누군가가 해야 되는데 할 만한 사람은 없었다. 언제나 총대는 목사가 멘다. 책임도 목사가 진다. 하나님께서는 그런 목사를 불쌍히 보시는 것 같다. 항상 밀어 주신다.

"하나님, 땅이 필요합니다. 도와주세요."

새벽기도를 마치면 넓은 땅을 보러 다녔다. 무슨 정신인지 모르지만 이장님, 어르신, 아는 사람들에게는 땅 소개 해 달라고 소문을 냈다. 그래서 우리 동네 땅값은 우리가 올려 놨단다. 소문이 외부에서, '땅 보러 다닌다지?' 새벽기도를 마치고 땅을 위해 돌고 있는데 동네 어르신 한 분이 따라오라고 했다. 땅을 알아봐 달라고 했는데 소개를 해 주시는 것이다. 가서 보니 감나무 밭으로 650평이었다.

보는 순간, 세상에 이렇게 조건이 좋은 곳을 예비하시다니, 지금 있는 교회에서 멀지도 않고, 새로 지은 아파트 끝나는 지점이라 외진 곳이라는 생각이 들지 않았다.
뒤로는 산으로 둘려 있고, 등산로가 시작되어서 사람들도 자주 지나다니고, 마음에 흡족했다.
'하나님, 이 땅 주세요.'
다음날 또 새벽에 찾아갔다.
'주님, 이 땅을 우리에게 주세요.'
간절하게 기도했다. 새벽이 되면 또 찾아가 기도했다.
갑자기 이런 생각이 떠올랐다. 어느 교회가 땅을 구입하면서 목사님·장로님들이 가서 영역 표시를 했다고 했다. 개가 자기 영역을 표시하는 것처럼, 지나가는 사람이 없을 때 나도 그 땅에 영역 표시를 했다.
이런 간절한 마음을 아시고 하나님께서 응답하셨다. 성도들도 기도하던 일이라 회의 처리가 잘 되었다.
"목사님 하시는 대로 하겠습니다."
평당 25만원. 계약금도 없이 1,600만원을 대출해서 계약부터 했다. 중도금 날짜는 다가오고 앞이 캄캄했다. 인간적인 생각으로 '내가 왜 이런 일을 했지?' 걱정이 앞섰다.

하나님이 하시는 일은 언제나 놀랍다.

조기 은퇴하시는 목사님께서 이 일을 알게 되었고, 지금 있는 교회를 매매하면 갚는 조건으로 차용해 주셨다.

더 놀라운 것은 650평 옆으로 밭이었는데 2차선 버스 도로 공사가 시작되었다. 교회부지 옆으로 20미터 거리에 큰 도로가 생겼다. 이렇게 해서 10년 만에 10배의 부지를 선물로 주셨다. 그때가 10년이 지난 2005년 8월이었다. 모든 것이 하나님의 놀라운 은혜였다.

▶ 650평 성전부지

◀ 2차선 도로공사

비닐하우스 교회

부지를 매입하고 감나무를 다 치우고 성토작업을 했다. 그리고 작은 컨테이너 박스를 설치해두고 눈만 뜨면 가서 기도했다. 개척 당시 땅을 구입했을 때처럼 건축은 엄두도 낼 수 없었다. 그냥 그 넓은 땅을 보기만 해도 좋았다.

그렇게 2년이 흘렀고 2008년부터 교회를 건축하기로 결단을 하게 되었다. '교회를 건축하게 해 주세요.' 믿음으로 지금 있는 교회를 처분하기 위해 부동산에 내놓았고, 하나님의 은혜로 믿는 분이 학원으로 들어왔다.

매매한 교회 금액은 땅을 구입할 때 차용한 것을 갚고 보니, 또 제로로 시작하게 되었다.

예배 장소가 없었기에 새 부지에 비닐하우스를 지어서 이사를 했다. 새벽 기도나 수요기도는 컨테이너 박스에서, 아니면 성도들의 집으로 다니면서 드렸는데 주일 예배는 그럴 수가 없어서 비닐하우스 교회를 지었다.

2008년 1월, 나는 컨테이너에서 잠을 잤다. 이불을 아무리 덮어도 냉기는 뼛속을 파고들었다.

주일 오전 예배는 햇빛이 있어 따뜻했다. 저녁이 되면 추위를 견딜 수가 없었다. 바람은 얼마나 불던지 하우스 앞에 천막으로 부엌을 만들어 두었는데, 바람에 견디지 못하고 날이 밝으면 부엌이 벌거벗은 것처럼 살림이 다 드러났다.

그런 가운데에도 주일이면 쇠고기 국밥과 김치 하나를 준비해서 예배를 마치면 전 성도가 비닐하우스 안과 천막부엌에 쪼그리고 앉아서 국밥을 맛있게 먹었다. 이 세상에서 최고로 맛있는 식사였던 것 같다. 그런 가운데도 불평하지 않고 함께했던 성도들이 고맙다.

지금 생각하면 그때가 힘들었지만 행복했었다. 오직 하나님의 은혜가 있어 가능했다.

비닐하우스
교회 모습

▲◀ 컨테이너
　　예배 모습

건축 시작, 제2의 성전 시대를 열다

　동료 목사님의 소개로 예영건설 목사님을 통하여 건축이 1월부터 시작이 되었다. 건축공사비는 땅과 건물 담보로 은행대출하기로 하고 용기 있게 시작했다.

　건축을 시작하기까지 난관이 많았다. 건축 허가를 위해 관공서를 찾았는데 허가가 되지 않는다고 했다. 11만 평 대지가 아직 많이 남아 있는데 자연녹지에 건축 허가를 해주면 누가 비싼 땅에 투자를 하겠느냐는 것이었다.

그리고 허가를 위해서는 진입로 3미터가 확보되어야 되는데, 진입로는 1미터 20밖에 되지 않아서 허가를 위해서는 진입로 옆 땅 주인에게 허락을 받아야 된다는 것이다.

앞이 캄캄했다. 한쪽 땅 주인은 교회가 들어온다고 반대를 했던 사람이다. 사정 이야기를 하려고 아파트를 찾아갔는데 문전박대를 당했다.

또 한쪽 땅 주인은 교회 옆 도로가 날 때 합의를 제일 늦게 해주고, 말이 많고 땅을 많이 가진 고집이 센 사람이었다.

'오, 하나님! 상대가 너무 강합니다.'

모일 때마다 성도들과 함께 진입로를 위해서 기도했다.

그리고 수요 예배를 마치고 건축을 담당하는 집사님과 땅이 많고 고집이 센 사람의 집을 찾아갔다.

돈을 200만원을 준비해 갔는데, 가서 보고 놀라지 않을 수가 없었다. 교회를 세운다는데 자기가 막으면 큰일나겠다는 마음이 들었다고 한다.

그래서 입구 땅을 팔겠노라고 했고, 한 평에 얼마를 줄까 물었더니 1평에 50만원으로 4평을 하자고 했다. 준비해 간 금액인 200만원과 딱 맞았다.

그렇게 하나님께서 열어 주셨다. 건축허가 문제는 수없이 시청을 찾아갔었는데, 이전 담당자가 발령이 나서 다른 곳으로 가시고 새로 오신 분이 허가를 해 주었다. 놀라운 일이었다. 우리의 형편을 다 아시고, 환경과 여건을 여시고 좋은 길로 인도하시는 참 좋으신 하나님이시다.

이렇게 해서 시작된 건축은 두 동으로 A동은 본당 건물로, B동은 교육관과 사택으로 철근 콘크리트 건물로 올라가기 시작했다.

안강읍 산대리 1138번지, 대지 650평 위에 예배당과 사택·교육관·카페·목양실·사무실·새가족실 173평(허가 후 증축 포함)이, 2008년 1월 25일 공사가 시작되어 9월 9일 사용 허가를 받게 되었다.

두 동으로 건축되어서 외관상으로는 300평 건물로 보인단다. 전도를 나가다 보면 열린교회가 잘 되었다고, 부자 됐다고(?) 격려해주시고 좋은 곳에 잘 지었다고 축하해 주셨다. 이렇게 웅장한 모습으로 같은 해 10월 19일 입당 예배를 드렸다. 지방회에서 개척교회로 성장한 교회의 모델이 되기도 했고, 총회로부터 공로패를 받기도 했다.

이렇게 개척된 교회가 이 지역에 우뚝 세워진 청년 교회가 되어 있었다. 모든 것이 하나님의 은혜였다.

성전 건축 모습

❋ 나가면서

지난 7월 10일, 창립 20주년을 맞았다. 지금도 성도들은 공간이 부족하다고 한다. 항상 부흥하고 있는 것처럼 느끼는 것은 욕심을 부리지 않고 조금씩 신실하게 나아가기 때문이고, 그렇게 나아갈 때 주님께서 부흥을 허락하신다는 것을 믿는다.

지역적으로 발전이 없고 고등학교·대학이 없어서, 아이들이 어릴 때 여기서 살다가 고등학교 갈 무렵이면 도시로 떠나는 사람들이 대부분이다. 대학생은 말할 것도 없고, 직장도 인근 도시로 다니시는 분이 70%이다. 성장은 더디고 아직도 건축 부채는 남아 있다. 20년을 한 교회를 맡아 오면서 많은 부분에 부족함을 느낀다.

그러나 나는 행복하다. 개척자는 행복하다. 주님께서 주신 나만의 길을 가기 때문이다. 나만의 길을 가는 자는 추월당하지 않는다. 주님께서 기뻐하시는 일이기 때문이다. 더 많은 종들이 개척에 도전하면 좋겠다. 어렵다, 안 된다, 이런 말은 해보지도 않고 하는 용기 없는 자들의 소리일 뿐이다. 주님께서 함께하시면 지금도 개척교회는 된다.

나를 구원하신 주님을 사랑하는 것과 영혼을 섬기고자 하는 마음이면 충분하다. 욕심을 버리고, 서두르지 않고, 성실하게 하면 반드시 개척교회도 된다고 믿는다.

지금도 만나는 목회자에게 지금도 입버릇처럼 "개척은 지금도 됩니다."라고 외친다. 믿음의 말은 씨가 되었다. 간증자의 소개로 동해 교역자에서 개척 자금을 지원하고 개척하는 일에 개척자를 보내 주셨다. 현재 장소를 알아보고 있는 중이다.

개척 시기부터 신실하게 섬겨 온 열린교회 식구들에게 감사를 드린다. 첫째는 하나님의 은혜요, 둘째는 중직자들을 비롯한 성도들의 헌신 때문이다.

이 모든 일을 이루신 주님을 찬양합니다. 모든 일은 하나님께서 하셨습니다. 감사합니다.

■ 안강열린교회
- 기독교 대한 성결교회
- 동해 교역자 선교회(경주, 포항) 개척 종잣돈 지원
- 개척자 가정으로 시작, 자립과 교회 건축
- 담임목사 / 기독교 대한 성결교회
  부산 신학교 졸업
  천안 백석 신학대학원 졸업

3

나도 저렇게 목회를 하는 날이 올 수 있을까?

위대한빛교회

이영로 목사

3

나도 저렇게 목회를 하는 날이 올 수 있을까?

"나도 저렇게 목회를 하는 날이 올 수 있을까?"

강단에서 설교하는 목사님들을 물끄러미 바라보며 혼잣말로 중얼거렸던 말이다.

'목회!' 정말 하고 싶었다. 잠을 자다가도 설교를 하는 잠꼬대를 했고, 꿈을 꾸어도 목회의 꿈을 꾸었다. 그러나 목회를 할 만한 입장이 못 되었다. 촛불이 사그라져 가듯이 생명이 사그라져 가고 있었기 때문이었다.

"목회를 해보지도 못하고 이렇게 죽어야 하다니…."
라는 생각을 하니 너무나 서글펐다.

"하나님! 제가 목사입니다!~ 하나님! 제가 목사입니다!~"
그렇게 외치고 또 외쳐 보았지만, 하나님은 귀를 막고 계신 듯했다. 이름뿐인 '협동목사'가 타이틀이었고 그 이상도 그 이하도 아니었다. 그렇게 일생은 마감되고 있었다.

병원에서는 "간이식이 시급하다."라고 했지만 수천만원이 드는 '간이식'은 남의 나라 이야기처럼 들렸다.

지금까지 살아온 50년의 세월을 정리하기 시작했다. 그것이 내가 할 수 있는 유일한 일이었다. 짐이 될 것 같은 많은 책은 '신학대학원 도서관'에 전화를 해서 실어가라고 했다. 그렇게 손때 묻은 책들은 내 곁을 떠났다. 부고장을 보낼 전화부와 주소록을 모아서 정리했다. 가족을 위한 나름의 배려였다.

"주님! 이 고통의 터널은 언제 끝이 날까요?"

생활은 아내가 책임을 졌다. 병간호를 해야 했기에, 짬짬이 시간을 내서 할 수 있는 일을 하면서 병시중을 해야 했다. 그러니 생활이 말이 아니었고 고통 자체였다. 끝이 안 보이는 어둠의 터널 속에서 살아야 했다.

아내는 신학교에서 만나 결혼을 했고, 하나님께서 1남 1녀의 자녀를 선물로 주셨다. 우리 부부는 목회에 대한 꿈을 꾸며 살았다. 그러나 내 몸이 따라주지 못했다. 모태로부터 감염된 만성 B형 간염이 발목을 잡았다. 2000년 1월에 '간경화'라는 진단과 함께 투병생활이 시작되었다.

2004년 여름부터 상태는 급격히 나빠지기 시작했다. 복수가 차기 시작하더니 걷잡을 수 없이 악화되었다. 응급실에

실려 가기 시작했다. 점차 복막염도 생기고, 식도의 정맥이 부풀어 올라서 출혈을 예방하는 시술을 수시로 해야 했다.

황달로 얼굴이 누레지고, 밤에는 다리가 마비되는 고통으로 잠을 이룰 수 없었다. 입원과 퇴원의 반복된 일상은 끝없이 계속되었다.

그 무렵 여 집사님 한 분이 간을 기증하겠다고 나섰다.
"기도를 하면 이 목사님 생각이 자꾸 떠올라서 기증하기로 결심했어요. 남편도 동의했고, 부모님들도 잘한 일이라고 했어요."
라고 하는 것이었다. 그러나 검사 후에 "간이식에 부적합하다."라는 판정을 받아서 무산되었다.

아내는 하도 부르짖어서 목소리가 완전히 쉬어 허스키한 목소리로 변해 있었다. 같이 기도하는 윤 권사님도 "이 목사님을 살려 달라."고 목이 쉬도록 부르짖었다. 상황은 나아지지 않았고 죽음의 그림자는 서서히 다가오고 있었다.

"주여 사람이 사는 것이 이에 있고 내 심령의 생명도 온전히 거기에 있사오니 원하건대 나를 치료하시며 나를 살려 주옵소서"(사 38:16).

"이 돈이 씨앗이 되어서~"

그렇게 죽음이 서서히 다가오는 어느 날, 아내와 같이 기도하는 윤 권사님은 일면식도 없는 장 천사(가명) 집사님과 같이 집에 찾아왔다. 장 집사님은 1천만원을 건네고 돌아갔다.

"목사님~, 이 돈이 씨앗이 되어서 목사님이 간이식을 받고, 꼭 건강이 회복되어 목회를 하셨으면 합니다."

생각지도 않은 일 앞에서 어찌할 줄 몰랐다.

"오, 주님! 감사합니다. 저를 버리지 않으셨군요. 저를 버리지 않으셨군요. 감사합니다."

1천만원이 생겼으니, 400만원이 넘게 드는 기증자 검사를 할 수 있게 되었다. 그러나 간을 기증할 사람이 문제였다. 뇌사자 이식 대기자는 수천 명이라서 언제 차례가 올지 몰랐다.

아내는 체중이 미달하여 있었고, 늘 소화불량으로 몸이 쇠약해져 있었다. 병원의 의사는 "젊은 사람의 간을 받아야 건강하다."라고 말하였다.

아내는 기숙사에 있는 아들을 찾아갔다. 아들은 가정형편상 기숙사가 있는 고등학교에 보냈는데 학교에서 장학금을 받으면서 다니고 있었다. 아내가 찾았을 때는 3학년 1학기

중간고사를 앞둔 시점이었다.

"네가 아빠를 살릴 수 있겠니?"

아들은 조금의 망설임도 없었다.

"제가 아빠를 살려야죠. 제 간을 드릴게요. 그런데 돈이 있어야죠."

녀석은 간을 주는 것은 당연하고 오히려 수술비를 걱정하고 있었다.

"하나님이 살리고자 하시면 돈도 주실 거야!"

"아무것도 염려하지 말고 다만 모든 일에 기도와 간구로, 너희 구할 것을 감사함으로 하나님께 아뢰라 그리하면 모든 지각에 뛰어난 하나님의 평강이 그리스도 예수 안에서 너희 마음과 생각을 지키시리라"(빌 4:6-7).

"사모님! 우리 사모님이"

장 집사님이 후원한 돈이 있으니 우선 기증자 검사를 하였다. 아들은 고3 중반부터 기증자 검사를 위해서 수시로 조퇴를 하고 외박을 해야 했지만 잘 감수했다. 1차 검사에서 "적합하다."라는 판정을 받았다. 그러나 수술비가 준비되지 않았으니 사정은 변할 것이 없었다.

그렇게 몇 달이 지나갔고, 아내의 기도는 계속되었다. 그러던 어느 날, 아내와 함께 기도하던 윤 권사님에게서 전화가 왔다.

"사모님! 장 집사님이 수술비 전액을 헌금하신답니다. 이제 목사님 살 수 있어요."

윤 권사님은 울먹이며 연신 "할렐루야~ 하나님 감사합니다."를 연발하고 있었다. 우리 부부는 그만 말없이 울고 있었다.

그렇게 해서 2009년 1월 15일 간이식 수술을 받게 되었다. 일면식도 없는 장 집사님의 후원으로 덤으로 사는 인생이 시작된 것이다. 모든 것은 하나님의 섭리이고 은혜였다. 하나님께서 천사 같은 장 집사님을 보내 주신 것이다.

이식수술 후 1년이 지나고 건강이 서서히 회복되면서 사역을 위해서 기도하기 시작했다. 여러 군데 청빙하는 교회에 지원하였지만 연락이 오지 않았다. 점차 개척을 위해 기도했다. 그러나 개척을 하려면 돈이 있어야 했다.

그러던 어느 날, 천사 같은 장 집사님은 개척자금으로 5천만원을 통장으로 보내왔다.

"장 집사님~, 제가 갚겠습니다."

너무 큰 빚을 지는 것 같은 생각이었다. 살아난 것만 해도 감사한데, 개척자금까지 받는다는 것은 염치없이 느껴졌다. 하나님께는 감사의 눈물을 흘렸다.

"하나님, 감사합니다. 살리신 하나님께서 개척자금을 준비해 놓으셨군요."

수술 후에 또 한 번 눈물을 흘렸다.

아파트에서 개척하다

개척자금에 맞추다 보니 인도된 곳이 평택시 청북면의 지금의 동네였다. 개척지역이 정해졌고, 예배처소를 위해서 기도하기 시작했다. 꿈만 같았다.

"주님, 그렇게 해보고 싶었던 목회를 하게 하시니 감사합니다."

화성시에 살고 있던 나를, 하나님께서는 연고 없는 이곳, 평택시 청북면에 아파트 1층을 기적같이 얻게 하셨고 개척을 시키셨다. 아파트 거실이지만, 오직 목회할 수 있다는 생각에 감사와 감격뿐이었다.

"안 된다."라고 하는 개척이고, "어렵다."라고 하는 개척이다. 그러나 "남은 생애 주님의 뜻대로 목회하리라! 죽도록 충성하다가 주님의 나라에 가리라!" 결심했다.

"빛이 있으라!" 위대하신 하나님을 찬양하며 어두운 인생에 빛을 주신 참 빛 되신 예수님을 찬양하였다. 기도하는 가운데 교회를 '위대한빛교회'라 하였다.

간판도 십자가도 없는 교회이지만 이루 말할 수 없이 기뻤다. 늦깎이 목사의 목회 서신은 그렇게 시작되었다.

이것이 꿈인가? 생시인가?

"여보, 나 좀 꼬집어 봐!"

2011년 3월 27일, 드디어 첫 예배 날이다. 첫 예배를 드리기 위해 밥상으로 쓰는 예배용 상을 놓고 아내와 마주 앉았다. 자꾸만 눈물이 났다. 꿈만 같았다.

"내가 예배를 인도하고 설교를 하다니…."

둘이 앉아서 눈물만 흘렸다. 사람이 없어서가 아니라 목회를 한다는 것이 감사해서였다. 아내도 하염없이 눈물만 흘리고 있었다.

그렇게 위대한빛교회의 첫 예배는 눈물로 드린 예배였다. 이식하기 전에 부르짖던 것이 생각났다. "하나님~, 제가 목사입니다."

"그 작은 자가 천 명을 이루겠고 그 약한 자가 강국을 이룰 것이라 때가 되면 나 여호와가 속히 이루리라"(사 60:22).

새벽부터 밤중까지

전도와 기도밖에는 할 것이 없었다. 살려주신 것을 감사하니 전도가 즐거웠다. 간판도 십자가도 없으니 교회가 있는 것조차 모르기에 교회를 알리는 것이 급선무였다. "교회를 알려야겠다."라는 생각에 새벽예배 후에 어깨띠를 두르고 사거리에 나가서 인사전도를 했다. 아내는 아파트 앞에서 인사전도를 했다.

전도는 새벽부터 밤늦게까지 계속되었다. '나 같은 것을 살리신 주님의 사랑'을 전하고자 하는 마음뿐이었다. 전도 현장에 있다 보면 시간 가는 줄도 모르고, 밥 먹는 시간이 아까울 때가 많았다.

개척 1개월 만에 등록신자가 생겼고, 주님께서는 매주 등록신자를 보내주셨다. 전도는 멈추지 않았고 결실은 급속히 나타났다. 아파트의 거실이 꽉 차서 주방과 안방까지 앉아서 예배를 드리게 되었다.

9개월이 되었을 때는 어린이까지 모두 60명이 위대한빛교회 가족이 되어 있었다.

그런데 교회가 부흥이 되고, 드나드는 사람이 많아지고, 아파트에서 교회를 하는 것이 알려지면서 핍박이 시작되었다. 더는 아파트에서 예배를 드린다는 것은 불가능할 정도까지 사태는 심각하게 발전했다. 그러나 그것도 하나님의 계획과 섭리였다는 것을 깨닫게 되었다.

◀ 아파트 개척 3개월 후

◀ 아파트에서의 마지막 예배 후

4층 68평 상가에서의 폭발적 부흥

아파트에서 도보로 10분 거리의 상가 68평을 기적같이 계약했다. 그 건물 주인은 처음에는 "교회로는 주지 않겠다."라고 했었다. 그러나 포기하지 않고 찾아갔고, 하나님께 매달렸다. 6개월을 포기하지 않고 찾아간 어느 날, 허락을 받아낸 것이다. 그때가 아파트에서 나오기 한 달 전이었다.

주후 2012년 새해 첫 주일부터 68평 상가에서 주일 예배를 드리기 시작하였다. "마음껏 찬양하고 마음껏 기도할 수 있다."라는 생각만 해도 즐거웠다. 상가로 이전한 후 아파트 교회와는 비교할 수 없을 정도로 빠르게 성장하였다. 하나님께서 부어주신다는 표현이 옳았다.

상가로 이전한 후 3개월 만에 교회 설립예배를 정식으로 드리게 되었다. 아파트에서는 여건이 되지 않아 '설립예배'를 드리지 못했었는데 비로소 드리게 된 것이다. 이미 성도는 100명으로 성장해 있었다.

설립예배 때는 눈물이 자꾸 나와서 사회를 겨우 볼 정도였다. 그동안의 투병생활과 개척하여 걸어온 길이 주마등처럼 스쳐 지나갔다.

아파트에서 상가로 이전한 지 8개월이 지나자 발 디딜 틈이 없을 정도였다. 164명으로 성장하고 있었다. 공간의 한계가 다가오고 있었다. 이전을 위해서 기도를 하면서, 같은 건물 바로 위층의 212평을 준비하신 것을 알게 되었다.

▼ 68평 상가에서 2회 성경학교

▲ 68평 상가에서 예배 후

5층, 212평으로 날개를 달다

주후 2012년 9월 9일은 또 한 번의 감격적인 예배를 드린 날이다. 개척 후 1년 6개월 만에 212평으로 이전하였다. 성가대가 새로 생기고, 교육관 겸 식당도 따로 마련되었다. 이제는 공간도 여유가 생겼다. 모두는 "와~!" 하고 입을 다물지 못했다. 그저 하나님께 감사하고 감사했다. 하나님의 은혜였고, 성도들의 헌신으로 이루어진 결실이었다.

212평으로 확장하면서 몇 번의 커다란 행사도 기획하고 성공을 거두었다. 이웃초청잔치를 겸해서 '바람바람전도축제'를 열었다. 이는 교회가 업그레이드가 되는 계기가 되었다.

주위에서 급성장을 하다 보니, 시기의 눈을 가진 사람들이 위대한빛교회를 모함하였었다. 그러나 '바람바람전도축제'를 통하여 장경동 목사를 초청한 후에는 '이단' 소리를 했던 사람들이 오히려 부끄러움을 당하는 꼴이 되었던 것이다.

얼마 후에는 '바람바람전도축제 앵콜'을 통하여 김문훈 목사를 초청하였다. 그 후로 위대한빛교회가 '이단'이라고 하는 소리가 지금까지 들리지 않는다.

참 어이없고 어처구니없는 일이었으나 하나님께서 악한 영의 바람을 잠재우시고 성령의 바람을 불게 하신 것이다.

▲ 2015년 여름성경학교   ▼ 2015년 설립 3주년 임직식

교회설립 3주년의 축복

212평으로 확장 후에도 전도는 멈추지 않았다. 전도자의 매일 전도는 계속되었고 순별로 월 1~2회 전도하도록 하였

다. 실패와 성공을 거듭한 끝에 '신전도법'을 찾았다. 거두는 전도법이고 현장 중심의 전도법이다.

'신전도법'이 알려지면서 세미나의 강사로 초빙되기 시작하였다. 신전도법은 한국교회에 희망을 주기 시작하였다.

전도해서 온 성도들을 제자훈련 프로그램으로 양육하기 시작하였다. 제자훈련에 참여한 성도들은 충성스런 종이 되어갔고, 교회가 든든히 서가게 되었다.

설립 3주년째인 2015년 4월 18일에는 제자훈련을 받은 성도 중에 안수집사 3명, 권사 7명을 세워 첫 번째 임직을 갖게 하셨다. 이들은 모두 1년 과정의 제자훈련을 수료한 집사들이다. 모두 담임목사와 하나가 되어 하나님의 나라를 확장하는 데 힘을 쏟게 되었다.

교회는 3년 6개월 만에 383명의 성도로 부흥하였고, 교육관과 식당이 부족하기 시작하였다. 교육관 입구는 신발로 인해 발 디딜 틈이 없을 정도로 교회는 부흥하고 있었다. 212평도 수용할 수 없는 단계에 와 있는 것을 실감하였다.

긴축을 위해 기도하기 시작했다. 온 교우가 기도하기를 1년이 지나면서 좋은 장소를 찾게 하셨다. 150평의 대지였다. 수소문 끝에 땅주인을 찾았고, 만나서 "교회를 지으려 하니 팔라!"고 하였다. 하나님께서는 땅 주인의 마음을 감동케 하셨다. 매매가 7억에 계약을 하게 하셨다.

150평을 계약하던 당일날, 바로 옆에 접해 있는 LH에서 분양하는 대지 150평을 매매가 6억에 계약하였다. 하나님께서 교회 부지 300평을 13억원에 계약하게 하신 것이다.

"여호수아에게 이르시되 내가 오늘부터 시작하여 너를 온 이스라엘의 목전에서 크게 하여 내가 모세와 함께 있었던 것같이 너와 함께 있는 것을 그들이 알게 하리라"(수 3:7).

교회설립 4주년, 성전을 건축하다

교회 부지를 구입한 것은 전적인 하나님의 섭리였고 은혜였다. 잔금을 준비하기 위해 이리저리 뛰면서 눈물로 기도하고 매달렸다. 교인들 중에 담임목사를 믿고 헌신을 한 집사들이 생겨나기 시작했다.

충성된 하나님의 종들로 인해서 부지대금을 완납할 수 있었다. 이들을 생각하면 한없이 고마울 뿐이다. 담임목사를 믿고, 하나님의 역사를 기대하는 굳건한 믿음이 있기에 가능한 것이었다.

이제는 성전건축의 미션이 남아 있다.

주후 2016년도가 시작되면서 위대한빛교회의 금년 표어를 "성전을 건축하라!"고 받고 뜨겁게 기도하기 시작했다.

하나님의 은혜로 설립 4주년이 되면서 건축을 시작하였다. 연건평 640평의 성전을 건축하게 되었다. 10월 완공을 목표로 온 교회가 한마음으로 동참하고 있다.

참으로 하나님은 위대하시다. 요즈음은 "개척교회가 안 된다."라고들 하지만, 되는 교회도 있다는 것을 보여주셨다. 간판도 십자가도 없는 아파트 교회였지만 되었기 때문이고, 지금도 되고 있기 때문이고, 앞으로도 될 것이기 때문이다.

그러기에 이 땅의 작은 교회와 개척 교회에 희망이 되고 싶다. 우리 위대한빛교회는 앞으로도 한국교회의 새로운 역사를 쓸 것으로 확신한다. 참으로 하나님의 위대하심을 찬양하며, 주 예수님의 은혜와 성령님의 역사를 찬양한다.

모든 영광을 성삼위 하나님께 돌려 드린다.

"우리 주는 위대하시며 능력이 많으시며 그의 지혜가 무궁하시도다"(시 147:5).

✽ 주님! 저는 참 행복한 개척교회 목사입니다.

모두가 꿈만 같다.
죽을 날만 기다리던 사람이 간이식을 받게 되어,
덤으로 하루하루를 사니 꿈만 같다.
교회를 개척하여 목회하는 것도 꿈만 같다.
설교하는 것도 그렇고,
전도의 결실을 보게 하신 것도 꿈만 같다.
그래서 그런지 강대상에 서면 눈물이 나와서
설교를 못 할 때가 한두 번이 아니다.
모든 것이 주님의 은혜요 사랑이다.
그래서 감사하다. 모든 영광, 주님께 돌려 드린다.

주님!
이 무익한 종에게 덤으로 사는 날을 주셔서 참 감사합니다.
그렇게 해보고 싶었던 목회를 하게 해 주셔서
참 감사합니다.
이 부족한 것을 값지게 쓰시니 참 감사합니다.
주님! 저는 참 행복한 개척교회 목사입니다.
아멘.

▲ 2015년 성탄전야축제

▶ 신축 부지,
주차장 부지에서

▼ 2016. 2. 14.
신축부지에서

예배 & 모임 안내

주일 축제 예배	1부	오전 6:00
	2부	오전 9:00
	3부	오전 11:00
	4부	저녁 7:30
수 요 예 배		저녁 7:30
금요기도회		저녁 8:30
새벽예배 (연중무휴)	1부	새벽 5:00
	2부	새벽 6:00
유 아 부-주일		오전 11:00
유 치 부-주일		오전 11:00
초 등 부-주일		오전 10:00
중고 등 부-주일		오전 9:00
청 년 회-주일		오후 2:00

제자훈련	주	오후 2:00
	화	오전 10:00
	화	오후 7:30
토요 영어 회화	유치	오후 1:00
	초등	오후 5:00
	중등	오후 5:00
오케스트라	토	오후 2:40

■ 위대한빛교회

♣ 소속교단 : 대한예수교장로회 합동
♣ 교회주소 : 경기도 평택시 청북면 안청로 332
♣ 교회전화 : 031-686-8591

✻ 이영로 목사는 …

♣ 출신학교 : 총신대학교 신학대학원 졸업(M.div. 88회)
♣ 휴 대 폰 : 010-5419-7004
♣ 이 메 일 : dlqkdnf813@naver.com
♣ 활동사항 : CCC(한국대학생선교회) 간사
　　　　　　총회 전도세미나 강사
　　　　　　전국목회자세미나 강사

▲ 이영로 목사

4

하나님은 불가능을 가능케 하는 전문가이다

제자교회

김형규 목사

하나님은 불가능을 가능케 하는 전문가이다

하나님은 불가능을 가능케 하는 전문가이다. 22년 전, 한국데이타 컴퓨터 연구원에 다니던 나는 꿈 많은 컴퓨터 학도였다.

교회에서는 성가대 지휘자와 찬양팀의 리더를 맡고 있던 어느 날, 제대했던 군부대에 홈커밍데이의 날에 방문을 했다. 모든 행사를 마치고 귀가하던 중 뜻밖에 기차역 플랫폼에서 실족하여 기차사고를 당하고 말았다.

▼ 1994년 백마역 앞 기차사고로 뒤꿈치 절단

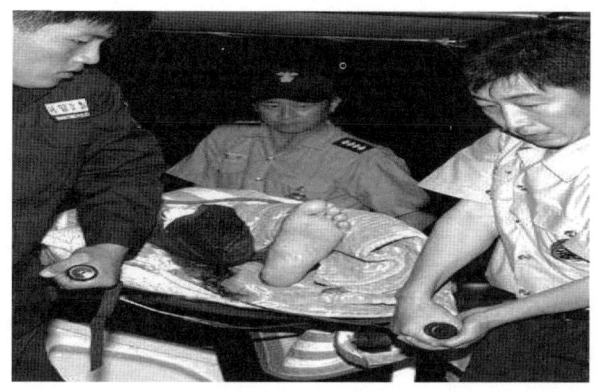

제자교회 김형규 목사 | 89

그러나 그 사고를 계기로 하나님에게 약속했던 대로 신학의 문을 두드렸고, 채 아물지 않은 다리로 서울신학대학 기숙사에 입사해 신학의 과정을 시작했다.

목발을 짚고 입학한 신학교는 긴 인내의 과정을 거치면서, 때로는 대학 구내식당의 백반 1,300원이 없어서 굶기를 밥 먹듯이 하는 하루의 일상을 통과해 배고픔과 아픔의 시간들을 겪었다.

그 후 하나님의 은혜로 회복되어 목사 안수를 받고, 죽기를 각오하고 맨땅에 헤딩을 하기 위해 교회를 개척했다.

1. 피 같은 개척헌금을 드리고 맨땅에 헤딩~

부목으로 섬기던 어느 날, 다리의 통증이 너무 심해서 주님께 기도한 적이 있다.

주님께서 저를 데려가시려거든 남은 시간들을 귀하게 사용하시다가 데려가시라고!!

하나님의 사명을 감당할 수 있는 시간이 얼마 남지 않은 것 같은 마음이었다.

그렇기에 개척을 통해서 남은 생애를 드리고 싶었다.

내 삶을 하나님께 드리는 축복!!

그 믿음이 부목사 자리를 내려놓고 황무지 길로 가게 되는 개척의 시작이었다.

개척을 준비하며 아무것도 준비된 것이 없고 오직 하나님을 향한 믿음만을 가지고 기도원으로 향했다. 쌀이 떨어져 아내 보기에 민망할 때도 있었고, 7살 딸이 유치원 대신 교회에서 혼자 놀고 있는 것을 보며 내가 할 수 있는 것은 기도밖에는 없었다.

▲ 12년 전 개척멤버 가족들

금식기도 마지막 날, 내가 가진 전부를 내려놓고 시작하라는 말씀을 주셨다.

"심는 자에게 씨와 먹을 양식을 주시는 이가 너희 심을 것을 주사 풍성하게 하시고 너희 의의 열매를 더하게 하시리니"(고후 9

제자교회 김형규 목사 | 91

: 1 0).

개척을 하기 전에 내가 가진 전부는 뒤꿈치 절단 장애를 입은 몸과 퇴직금 1천만원이었다.

지금 당장 교회개척을 준비하던 나에게, 상가 임대비와 성전 인테리어 비용을 모두 주변의 다른 개척교회와 시골교회에 선교헌금으로 드리기로 작정하고, 그 후에 하나하나 실천했다.

앞으로 남은 일생을 주님께 개척으로 드리기로 한 나에게 하나님의 역사를 기대하고 소망하는 믿음의 결단이었다. 금식기도를 하는 가운데 감동을 주시는 교회가 있어서 헌금을 했다. 후에 개척일지를 정리를 하는데 7개 교회 정도 되었다는 것을 알게 되었다.

그런데 열매는 개척목회의 현장에서 시작되었다. 기도원에서 마지막 금식기도를 마치고 죽으면 죽으리라는 믿음으로 맨땅에서 개척을 시작했다.

개척멤버는 아이들과 어머니, 이렇게 5명과 강대상은 그냥 싱크대 위에 하얀 천을 두르고 놓고 첫 설교를 시작했다. 그리고 몇 개월 동안도 개미 한 마리 찾아오지 않았다. 그러다가 주변의 소개로 청각장애인들을 위해 설교해 달라는 요청을 받고 연결되어 그들을 제자훈련하기를 시작했다. 그것을 계기로 장애인들이 전도가 되었고 일반인 가족들도 함께 전도되기 시작했다. 교회가 정말 하나님의 은혜로 부흥하기 시작했다. 사람의 방법이 아닌 하나님의 방법으로 영혼들을 보내주셨다. 나는 교회개척을 위하여 죽으려고 믿음으로 실행했더니 하나님은 교회개척을 통하여 나를 살려주셨다. 남들이 외면했던 장애우들이 오히려 부흥의 밑거름이 되었던 것이다.

말씀에 순종하여 몸도 마음도 물질도 주님께 전부를 드릴 때, 하나님은 더 좋은 것으로 주심을 깨닫게 되었다.

그 뒤로 교회재정이 어려울 때라도 선교비를 우선적으로 지출했다.

개척 교회가 자립하기 전에 선교한다는 것은 불가능에 가까운 일이지만, 나는 개척할 때부터 어려울 때부터 하지 않으면 안 된다는 믿음을 가지고 있었기에 가장 어려울 때부터 선교를 시작했다. 교회설립 예배를 드린 후에도 1년에 1교회씩 선교하는 교회를 선정해 선교의 지경을 넓혀갔다.

개척 후 몇 년 뒤에 1천만원을 드려서 교회 한 곳을 개척하는 데 지원했고, 개척 11년차가 된 올해 상호책임공동체를 통하여 짝기도를 하며 섬기는 곳이 13곳으로 늘어나서, 그들을 위해 중보기도하며 섬기고 있다. 내 주변에 있는 가장 어려운 곳을 먼저 살려보자는 취지를 가지고 섬기고 있다. 하나님은 말씀 그대로 이루셨다.

고린도후서 9장 10절 말씀을 통하여, 하나님은 우리에게 씨와 먹을 양식을 주시며, 구별하여 심을 때 풍성하게 열매를 주신다는 분명한 확신을 얻게 되었다.

눈물로 씨를 뿌리는 자는 기쁨으로 단을 거두리라는 분명한 말씀의 확신이 지금도 목회에 중요한 모토가 되었다. 성령의 역사가 아니고서는 이룰 수 없는 놀라운 기적들이었다.

2. 한 영혼에 목숨 걸고 훈련목회에 집중하다

교인이 아무도 없을 때부터 아내와 아이들부터 훈련을 시작했고, 들어오는 처음 교인부터 양육과 훈련에 집중하기 시작했다. 그러나 부흥은 그렇게 쉽게 되지 않았다.

무수한 실패를 맛보기 시작했다. 개척교회에 오는 성도들은 어렵고 힘들고 아픔을 가진 분들이 많다. 그렇기에 훈련을 하면서 더 많은 시간과 에너지와 열정을 쏟아 부어야 함을 뒤늦게 깨닫기도 했다. 정말로 귀한 깨달음 한 가지는 실패를 많이 해본 뒤에 얻은 하나의 성공이 값지다는 사실이다.

몸이 부서지도록 없어지도록 훈련을 했는데도 결과는 쉽게 나타나지 않았다. 처음부터 쉽게 부흥되지 않았다. 몇 년 동안은 사람들이 계속 왔다가 가는 일들이 반복되었다. 사람들은 상가의 작은 개척교회에 정착하지 않으려 했다. 개척교회를 한다는 것이 이렇게 서럽고 외로운 길인가 하는 마음에 개척을 수없이 내려놓고 싶은 적이 한두 번이 아니었다.

그러나 마치 축구의 연장전을 생각하듯이 포기하지 않고 계속 훈련과 양육에 집중했다.

많은 훈련생 중에 특별히 기억에 남는 것은 청각장애인들과의 만남이었다.

청각장애인들을 훈련하면서 엄청난 한계를 느꼈다. 다리 장애를 입은 나에게는 장애인들이 가족처럼 느껴졌다. 그러나 영혼의 변화를 얻는 것은 일반인보다 두 배, 세 배 힘들었다. 훈련하는 시간이 일반인들이 한 번에 3시간이면 충분하지만, 수화통역을 해가며 훈련할 때는 열 시간도 부족할 정도였다. 훈련하다가 모든 것을 포기하고 싶을 정도로 탈진되기도 했다. 청각우들이 약 30여 명 늘어나면서 교회가 채워졌다. 어느 정도 훈련이 마쳐지자 청각우들은 큰 교회로 다 옮겨갔다. 그러나 그 과정을 통하여 하나님은 수화통역사들과 사회복지사들의 또 다른 만남을 허락하셨고, 그 수화통역사들을 훈련해서 교회에 디사이플스라는 수화찬양 선교단이 결성되는 열매를 얻었다. 후에 이 찬양단을 통하여 찬양 집회와 공연 등 활발한 사역의 장을 열게 되는 계기가 되었다.

하나님은 한 영혼을 향하여 목숨을 걸 때, 또 다른 목회의 열매를 주신다는 작은 깨달음을 얻게 되었다.

개척교회는 수평이동 신자가 없다. 오직 한 영혼에게 생명 걸고 훈련하는 열정을 통하여 변화된 사람들로부터 부모와 자녀, 그리고 친구들을 통한 관계전도가 열매를 맺는다는 것을 경험했다. 그리고 몇 년 뒤부터 교회 자체에서 훈련받은 사람들로부터 열매가 나타나기 시작했다. 교회가 젊어지기 시작했다. 젊은이들을 주례하여 결혼식을 했는데 한 해에는 약 일곱 부부의 주례를 하기도 했다. 후에 그들이 교회에 나오기 시작했고 부부 팀을 훈련시켜 봉사하면서 아이를 낳고, 아이들이 자라기 시작하여 주일학교와 학생부가 점점 부흥하기 시작하였다. 그 후 교회가 좁아지기 시작하면서 2층 한 층을 더 임대하여 쓰기 시작했고, 더 넓은 곳으로 이전을 하기 위한 계획을 갖고 있다. 이 모든 것이 하나님의 은혜가 아닐 수 없다.

한 영혼을 향하여 끝까지 포기하지 않고 절망하지 않고 생명 걸고 훈련하는 것, 그럴 때 성령은 분명히 역사하셔서 영혼의 변화를 허락하신다는 것, 이것이 개척행전의 중요한 깨달음이었다.

3. 다리절단 장애인에서 MVP로!

개척을 시작할 당시는 IMF 이후여서 사회가 굉장히 어려운 시기였다. 특히 상가교회를 찾아오는 사람은 단 한 사람도 없을 시기였다. 그러나 목회도 축구를 하듯이 맨땅에 헤딩하는 것처럼 뛰어들면, 반드시 골인될 수 있을 것이란 믿음을 가지고 뛰어들었다.

나의 개척행전은 축구로부터 시작되었고 축구는 나에게 또 다른 의미의 개척목회였다.

지금부터 20년 전 나는 일산의 부대 앞에서 기차사고를 당했을 때, 당시 기관사의 말로는 기차 3칸이 지나가서 죽었을 거라고 생각했을 정도였다. 그 사고로 인해 온몸에 큰 상해를 입었고 특히 좌측 뒤꿈치를 절단당하는 장애를 입고 말았다. 병원에서는 살아나기 어렵다고 했었고, 응급실과 병실을 오가는 수차례의 수술을 통해서 겨우 생명을 유지할 수 있었다.

그리고 마지막 수술실에서 하나님이 살려주시면 앞으로 인생을 하나님께 드리겠다고 서원기도를 했다. 그 기도가 응답되어져서 수개월간의 수술 끝에 좌측 다리의 성형수술을 마지막으로 병원에서 퇴원하여, 즉시 신학의 길로 입학하고 목발을 짚어가며 기숙사와 강의실을 오가며 공부를 시작했다. 신학대학교 정문에서 강의실로 가는 언덕길은 목발을 짚고 다니는 나에게 골고다의 언덕길이었다.

그 뒤에 전도사 시절, 몸이 건강하지 못한 나에게는 걷는 것이 가장 힘든 일이 되었다. 왜냐하면 좌측다리 뒤꿈치에서 계속 피가 흘러서 약을 바르고 누워 있다가, 상처가 아물면 다시 붕대를 감고 사역하는 일이 되풀이되었기 때문이었다.

그러던 중에 어느 날 축구대회가 있는데 한번 나와서 운동을 해보라는 것이었다. 걷기조차 힘든 나에게 축구라니, 상상도 할 수 없었다. 그러나 장애를 입은 곳은 좌측 뒤꿈치인지라 축구화를 신고 발에 끈을 꽉 묶었더니 뒤꿈치가 땅에 닿지 않게 뛸 수 있게 됨을 깨닫고 놀라게 되었다. 축구화를 신으면 뒤꿈치를 들고 절룩거리면서라도 뛸 수 있다는 걸 알았다.

그날부터 매주 월요일 새벽에 몇몇 목사님들과 함께 하루는 새벽에 운동하고, 하루는 새벽에 성경공부를 하는 목회적 패턴을 만들어 건강도 회복하게 되었고 자신감을 얻었다. 그 모임은 점점 발전하여 '청목'이라는 목회자 축구팀을 만들게 되었다.

다리에 장애가 있으니 헤딩을 개발했다. 남들이 쉴 때 하루 100번씩 헤딩을 훈련했다. 나중에 교단 목회자 축구대회에서 2회 우승을 했고, 헤딩으로 5골을 넣어 MVP와 최다득점상을 받게 되어 장애인으로 하나님께 영광 돌리는 귀한 열매를 맺기도 했다. 이후에는 팀의 감독으로 섬기고 있다.

다른 이들에게는 축구가 스포츠일지 모르나 나에게는 다리의 장애를 통하여 잃어버렸던 건강과 자신감을 회복시키는 귀한 생명의 통로가 되어 주었다.

지금도 나는 축구가 목회를 열정적으로 감당하는 목회자에게 주신 축복의 도구라고 생각한다.

축구를 통해 얻은 자신감을 통해 개척목회도 더 열정적으로 사역하게 되었고, 그 모임을 통해서 성경연구도 하여 개척교회 부흥의 건강한 밑거름이 되었기 때문이다.

▶ 다리 절단 후 목회자 축구대회에서 MVP가 되다

4. 상가 개척교회의 한계극복 모델로!

▼▲ 대만
단기선교

건강이 회복되면서 마음속에 한 가지 소망이 생겼다. 기차 밑에서 첫 번째 인생을 마감을 했고, 다시 두 번째 인생으로 살게 된 나로서, 하나님께 내가 드릴 수 있는 가장 가치 있는 삶이 되는 것이 무엇일까 깊이 생각하게 되었다.

그것은 개척의 길이었다. 개척을 통해서 하나님께 나의

남은 인생을 드리는 것이다. 그래서 개척을 하기로 결단하고 당시 수석부목으로 있던 교회의 담임목사님에게 말씀을 드렸더니, "요즈음 개척하기 힘들어. 개척은 맨땅에 헤딩하는 것이야."라고 하시며, 왜 어려운 길을 가려느냐고 조금 더 기다리라고 하시며 많이 아껴주셨다. 그러나 나는 헤딩하는 것에는 자신이 있었다. 그래서 개척의 길을 선택해 오늘까지 이르렀고, 현재는 교단개척훈련원 간증자로 섬기기도 했고, 여의도순복음교회 개척훈련원에서 개척할 때 탐방해야 하는 교회로 선정되어 찾아오는 목회자들을 섬기기도 했다.

5. 평신도를 훈련하여 사역자로

대개 상가교회 목회자들은 상가를 벗어나는 것이 첫 번째 목표지만, 우리 교회는 외형보다는 사람을 키우는 데 우선순위를 두고 평신도 사역자 양성에 중점을 두었다. 개척부터 지금까지 새신자 양육에서 소그룹 리더양육 등 평신도 훈련을 위한 체계적인 틀을 유지해온 것이 상가교회로 살아남은 첫 번째 비결이라는 생각 때문이다. 물론 그동안 상가를 선호하지 않는 성도들과 언젠가는 교회를 건축해야 한다는 부담감을 갖고 교회를 떠나는 성도들도 있었다.

그러나 훈련을 통해 새로운 비전과 사명을 공유하여 성도들을 정착하게 했다. 일단 성전건축과 이전을 위해 특별헌금을 걷지 않는 등 교회건축으로 기존 성도들에게 전혀 부담을 주지 않았다. 그 대신 교회건축과 확장에 필요한 재정으로 선교 교회를 늘리고 섬기면서 성도들에게 나름대로 보람과 자부심을 갖게 했다. 외형적인 확장보다는 선교와 구제에 초점을 맞추는 교회의 본질적 사역을 통해 일종에 상가교회에 대한 부정적 인식과 불만족스러움을 잠재우고, 성도들을 자연스럽게 선교사역에 동참시키도록 노력했다.

▲▶ 전국
장로회수양회
섬김

그래서 개척을 시작하고 나서는 한 사람 한 사람에게 생명을 걸고 훈련을 하기 시작했다. 방법은 한 영혼이 변화될 때까지 포기하지 않고 끝까지 하는 것이다. 지금도 약 4년 동안, 5년 동안 훈련받은 사람이 교회의 일꾼이 되었다. 특히 교회의 중직자나 교사들은 제자훈련으로 세워진 분들이 전부이다. 그렇게 변화된 분들이 전도하기 시작하여 교회가 탄탄하게 성장하기 시작했다.

6. 하나님은 불가능의 전문가이다

기적의 주인공 장혁

매서운 추위가 극성을 부리는 1월 중, 유아실에 돌배기 아이를 가슴에 품고 아기 엄마가 들어왔다. 그냥 봐도 단번에 알 수 있는 아이였다. 아이의 양손에는 장갑이 끼워져 있고 온몸에는 아토피로 시뻘건 피가 온몸에 불거져 있었다. 삼성병원에도 서울대병원에서도 아토피가 너무 심해서 치료가 불가능해서, 집으로 가서 요양하라는 판정을 받은 아이의 이름은 장혁이었다. 장인구 집사와 조윤미 집사의 둘째 아들이었다. 부부가 제자훈련을 받기 시작하면서 혁이는 옆에서 피골이 상접한 몸으로 울면서 때로는 자면서 함께 훈련받고 기도했다.

하나님!

이 외롭고 아픈 혁이의 영혼을 불쌍히 여기사 치료해 주시고 회복시키시옵소서!

그리고 훈련을 마치던 어느 날, 하나님은 우리 혁이를 깨끗하게 치료해주셔서 8년이 지난 오늘까지 아무런 이상 없이 건강하게 자라고, 교인들에게 사랑받는 건강한 아이로 자랐다.

지금도 이 아이는 교회에서 가장 사랑받으며 초등학교를 다니고 있고, 엄마 아빠는 주일학교 교사와 찬양팀으로 일생을 하나님께 헌신하는 교회의 중심 헌신자가 되었다.

이런 성령의 역사는 다 기록하기에 지면이 부족할 정도로 계속되었다.

이것은 한 영혼을 위하여 생명 걸고 싸우는 개척교회에게, 성령행전을 기록하라고 주신 하나님의 귀한 은혜가 아닐 수 없다.

그 후에 교회는 점점 부흥하기 시작했다. 학생부도 자리 잡기 시작하고 교회학교 아이들도 점점 많아지기 시작하여 교회가 좁아지기 시작했다. 아직까지도 작은 교회이지만 가난함 속에 순수함이 있고, 힘들고 어려워도 목회자와 사랑으로 협력할 수 있는 좋은 성도들을 맡겨주셔서 감사하다.

이 모든 영광을 하나님께 돌려드립니다.

또 한 사람은 청각장애인 박문수 형제이다. 청각우들은 소리를 듣지 못하는 한계로 인해 교육을 받지 못하는 경우가 많다.

그러나 그는 10년 전에 청각장애인으로 훈련을 시작했다. 스스로가 일반인들과 청각장애인 사이에서 어느 곳에도 어울릴 수 없는 외톨이였다. 비전도 꿈도 없는 그에게 제자훈련을 통해서 용기와 비전을 심어 주었다. 직장까지 그만두고 매주일 성경암송과 독서, QT, 생활훈련 등 한 번도 거르지 않고 고된 훈련의 과정을 이수했다.

다음해에 서울신학대학 사회복지학과에 입학해 10년의 과정을 거친 후, 드디어 서울신학대학 신학대학원을 올해 졸업했다.

▼ 2016년 2월, 서울신학대학원을 졸업한 박문수 형제
: 청각장애인을 훈련을 통해 사역자로

말도 잘 통하지 않는 학교생활임에도 불구하고 성적장학금을 받으면서 학교생활을 했고, 서울신학대학원 M-Div를 졸업할 때까지 불가능을 가능하게 만든 주인공이다. 올해 그는 전도사가 되었고 앞으로 장애인들을 위한 훌륭한 목회자가 될 것이다.

✽ 에필로그

지금도 나는 매일 아침 피가 나는 뒤꿈치에 붕대를 감고 반창고를 붙이고 교회로 출근을 한다.

몸이 회복되기도 했지만 아직까지 뒤꿈치의 피가 멈추지 않기 때문이다.

그러나 그것이 하나님의 목회를 하게 하시기 위한 십자가로 믿고 오늘도 순종하며 목회한다. 한 영혼을 섬기고 사랑하는 것이 너무 행복하고 소중하기 때문이다.

주님 나라에 가는 그날까지 영혼의 대한 열정과 사랑이 식지 않기를 바라는 마음으로 이 수기를 드리며, 개척 때의 첫 마음을 다시 간직해 봅니다.

5

여호와께서 나와 함께하시면 할 수 있다

청라기쁨의교회
이승원 목사

여호와께서 나와 함께하시면 할 수 있다

" 요즘 시대는 개척이 안 되고, 개척을 해도 실패할 확률이 거의 100%다."

정말 많이 들어왔던 말이다. 그러나 나에게는 이 말씀이 계속 울리고 있었다.

"그날에 여호와께서 말씀하신 이 산지를 지금 내게 주소서 당신도 그날에 들으셨거니와 그곳에는 아낙 사람이 있고 그 성읍들은 크고 견고할지라도 여호와께서 나와 함께하시면 내가 여호와께서 말씀하신 대로 그들을 쫓아 내리이다 하니"(수 14:12).

여호와께서 나와 함께하시면 할 수 있다는 여호수아서의 말씀을 굳게 믿고, 믿음 하나로 30대 중반의 목회 초년에 개척을 시작했다. 어디서부터 어떻게 해야 할지 막막했지만, 열정만은 가득했다.

■ 1차 개척(부천 중동) : 0명에서 180명까지

아무것도 없이, 정말 아무것도 없이 시작했다.

단 한 사람의 개척멤버도 없었고,
단 한 곳의 후원도 없는 상황이었다.

3개월 동안 개척할 장소를 찾고 찾아다녔다.

서울에 살고 있던 나와 아내는 위로는 파주, 동두천부터 아래는 충남 조치원, 온양 지역까지, 매일같이 개척지를 찾아다니며 하나님의 인도하심을 구하였다.

그러던 가운데 하나님께서는 부천 중동 지역으로 길을 인도하셨다. 주로 서울 동쪽(잠실, 강변)에 살고 거주했던 나에게는 부천이라는 곳은 생소한 곳이었고, 단 한 명의 아는 사람도 없는 곳이었다. 하지만 하나님의 인도하심이라 믿고 순종하며 계약을 하였다.

5층 실평 30평이었다. 30평 안에 주방·목양실·유아실까지 있었기에, 실제적인 예배장소는 17평 정도였고, 의자 40석을 마련하고 예배를 드리기 시작했다. 35세에 시작한 개척! 목회 경험도 별로 없었던 젊은 나이였지만, 열정 하나는 강했다.

개척한 곳은 비록 옆에 아파트가 있긴 했지만, 근처에는 골목시장이 있고, 이미 20여 년 전에 형성된 도시이기에, 이미 대형교회도 많고, 교회도 많이 있었다. 10분 반경 안에 1천 명 이상 출석하는 교회가 10개가 넘었고, 건축된 교회

▶ 개척 첫 예배드리기 직전 모습

만 40여 개가 있는 그 한복판에서 뒤늦게 십자가의 불을 켜며 개척이 시작된 것이다.

죽도록 전도했다. 하루에 10시간, 12시간씩 집집마다 다니며 교회 전도지를 나눠주고, 거리에서 나눠주고 사람들을 만나고 다녔다. 또한 최선을 다하여 예배를 준비하고, 설교 준비를 했다.

성도님들이 한 분 한 분 오시게 되었고, 또 여러 가지 사정상 교회를 찾는 분들이 교회로 오시게 되었고, 그분들로 인하여 또 전도가 되게 하시고, 2년 정도가 지나니, 출석성도가 180명 정도 되었다(청장년 120명, 다음 세대 60명). 등록교인 숫자가 아닌, 평균 출석 숫자이다. 교회는 30평이었지만 1부, 2부, 3부 예배를 드리며 부흥의 기쁨을 누리게 되었다.

개척은 전적인 하나님의 은혜임을 고백할 수밖에 없다. 때때마다 동역자들을 보내주시는 하나님의 기가 막힌 섭리와 은혜에 감탄하며 감사의 눈물을 흘렸던 적이 수없이 많았다. 특히 교회가 점차 부흥하면서 다음 세대를 담당해 줄 사람들이 필요했다. 마침 하나님께서는 삼일교회와 주안장로교회의 개척교회 지원팀 젊은이 9명을 보내주셔서, 주일 오전마다 우리 교회에서 어린이와 청소년을 담당하며 교육부서를 담당해 주었다.

◀ 개척 2년 후 주일예배 모습

약 6개월 후, 그중에서 8명은 우리 교회 등록성도가 되어 교회를 함께 세워가는 동역자들이 되었다. 나와는 전혀 관계가 없는 교회들이었지만 하나님의 기가 막힌 일하심을 느낄 수 있었다.

■ 2차 개척(인천 청라)

개척 후 2년여 동안 부흥의 기쁨을 맛보고 있던 중, 교회 부속실의 일부가 경매로 넘어가는 일이 있었고, 이 문제로 오산리 금식기도원에서 기도하던 가운데 하나님께서는 개척에 대한 마음을 강하게 주셨다. 현실에 안주하지 말고, 다시 개척하여 하나님 나라의 확장에 쓰임받으라는 음성이었다. 아무도 없이 시작하여 어렵게 성장한 교회, 눈물을 뿌리며 한 명 한 명을 전도해서 양육시키고 이제 안정적으로 되어가던 즈음이었다.

성령의 음성에 순종하기로 결정을 하고, 다시 개척하기로 결정하였다. 개척지는 인천 청라국제도시로 정하고, 개척지를 알아보았다. 그리고 우리 성도들에게 이야기를 하였다.

"다시 개척합니다. 물론 이름은 동일하게 사용하지만, 지역을 이동하여 다시 시작합니다. 함께하실 분은 함께합시다."

기존의 부천 중동과 인천 청라는 당시에 길이 제대로 되어 있지 않아서 고속도로를 이용하여 50분에서 1시간 정도 걸리는 곳이었다. 가깝지 않은 곳이었고, 대중교통으로는 찾아오기 힘든 곳이었다. 결국에는 30명(청장년 15명, 어린이 15명)이 개척에 동참하여 새롭게 다시 시작을 하였다.

8층 건물의 7층(120평)을 월세로 임대하여 시작하였다. 월세 부담이 무척 컸지만, 하나님의 은혜로 한 달 한 달을 은혜 가운데 보내게 되었다. 30명이 시작한 교회는 사람들이 점점 늘어나 4년이 넘은 현재는 450~500명 출석하는 교회로 성장하였다. 4년 만에 일어난 기적과 같은 일이었다.

▲ 최근 주일 2부(11:30) 예배 모습

청라는 공항고속도로를 타고 30~40분만 가면 서울 중심의 대형교회로 갈 수 있는 곳이며, 또한 10분만 차를 타고 나가도 역사가 깊은 인천의 대형교회들이 많은 곳이다. 또한 9개의 종교부지에 크게 건축된 교회들과 택지에 건축된 여러 교회들이 있음에도 불구하고, 하나님께서는 사람들을 불러 모아 주셨다.

◀ 4~7세
유치부
어린이들

▶
초등부
(1~3학년)
어린이예배

◀ 소년부
(4~6학년)
어린이들

▶ 중고등부
학생들

　우리 교회는 옥상에 십자가도 없다. 아주 작은 간판 하나뿐이다. 밖에서 볼 때는 교회가 있는지 유심히 살피지 않으면 알 수 없는 곳이다. 또한 당시 청라에서 가장 크게 건축된 교회 바로 앞에 위치하고 있었다. 그러나 하나님께서는 영혼들을 시간시간마다 보내주셔서, 은혜롭게 예배를 드리게 해 주셨다. 지금도 예배당 본당은 실평 40평이다. 이곳에서 1~4부 예배를 드리며, 은혜 가운데 계속 부흥 중이다.

■ 개척하여 자립까지 부흥의 비결

1. 준비된 개척

많은 개척교회의 유형들은, 부목사 생활을 하다가 나이가 40이 훌쩍 넘어서고 더 이상 부목사 자리에 있기도 불편해서 개척을 하게 되는 유형이다. 즉, 밀려서(?) 개척하는 유형들이 많이 있다. 그러나 나의 경우에는 개척에 대한 마음이 분명해서 30대 초반인 신학대학원생 때부터 개척의 소명을 가지고, 개척을 준비하였다. 그리고 35세에 개척을 하였다. 즉 상황에 밀려서 개척한 것이 아니라, 다른 좋은(?) 사역지(부목사 등)로 갈 수 있는 환경이 많음에도 불구하고, 모든 것을 포기하고 개척을 선택하였다는 것이다.

미리 결정하였던 만큼 준비도 많이 했다. 몇 년 동안 작은 교회 목사님들을 찾아뵙고 만나면서, 개척교회에 대한 노하우를 전해들을 수 있었고, 교훈을 받을 수 있었다. 교훈은 2가지였다. '저렇게 해야지.', 그리고 또 하나는 '저렇게 하지 말아야지!' 그리고 개척 전에는 일부러 작은 교회(50명 미만)를 선택하여 부교역자 생활을 했다. 작은 교회를 경험하기 위해서이다. 대형교회만 접해서는 작은 교회의 특성을 모르기 때문에 일부러 선택도 그렇게 하였다.

또한 개척교회는 예배 스태프(staff, 반주·찬양인도 등)

가 전혀 없는 것을 알았기에, 아무런 스태프가 없어도 혼자서 예배인도를 할 수 있는 기술을 준비했다. 개척 초창기에는 건반반주를 연주하면서 직접 찬양인도를 하였고, 강대상에 시스템을 만들어서 직접 ppt까지 조절하며 예배인도를 하였다. 즉, 초창기에 혼자서 다 할 수 있도록 준비하고, 연습하고 배웠다.

또한 재정의 준비다. 개척 초기 1년 동안은 아무런 수입이 없어도 생활할 수 있을 정도의 재정을 준비했다. 아내가 그동안 일하면서 번 돈을 몇 년 동안 성실하게 모아놓고, 개척 초기를 준비하였다. 또한 설교준비를 철저히 했다. 시간이 없어서 설교준비를 할 수 없을 때를 대비해서, 설교 50편을 미리 준비해 두었다. 준비된 설교는 개척목회를 하면서 정말 유용하게 잘 사용하였고, 긴 시간 준비한 것이기에 더 은혜로운 설교가 될 수 있었다.

◀ 이승원 목사

또한 모든 양육시스템을 구축했다.

직접 교재를 만들고, 성도들이 오면 어떻게 하겠다는 그림을 모두 그려놓았다.

전도교재, 양육교재, 성령수련회 교재, 성경훈련 교재를 미리 다 제작해놓고 개척을 하였다.

그렇게 해두어야 성도들이 오면 우왕좌왕하지 않고 준비된 교회임을 느끼게 할 수 있다.

즉, 개척교회의 부흥비결 중의 하나는, 상황에 따른 어쩔 수 없는 개척이 아니라, 다른 길들이 많았음에도 불구하고, 개척의 길을 준비하며 나름대로 준비한 결과가 아닐까 생각한다.

▲ 기쁨의교회 전도·양육 교재

[기쁨의교회 양육 및 성경공부 과정]

1. 교회등록(만남) : 주일에 교회 등록 신청하신 분은 주중(or 토요일)에 담임목사님과 1회 만남의 시간을 갖는다. 1회 만남 이후에 정식 등록교인이 되며, 팀 편성이 된다.
   - 장소 : 교회 새가족실   - 시간 : 개별연락(30분 정도의 만남)

2. 양육반(핵심) : 예수님은 누구신가? 구원의 과정, 예배, 말씀, 기도 등 신앙생활의 가장 핵심적인 내용을 나누며, 1년에 2회(상반기·하반기) 개설된다.
   - 기간 : 5주   - 회비 : 2만원

3. 성장반(나무) : 정해진 성경의 본문을 처음부터 마지막까지 자세하게 분석하며 은혜를 나누며, 1년에 2회(상반기·하반기) 개설된다(예: 고린도전서 분석하기 / 요한계시록 분석하기 등).
   - 기간 : 5주   - 회비 : 2만원

4. JOY성경대학(숲) : 창세기부터 요한계시록까지의 큰 흐름과 핵심내용을 중심으로 1년 동안 즐겁게 여행한다. 1년 3학기(1학기는 4주)로 진행된다 (회비 : 학기당 2만원).
   * 대상 : 성경의 흐름을 알고 싶은 모든 분들
   * 내용 1학기 : 구약① 창세기~룻기, 2학기 : 구약② 사무엘상~말라기
            3학기 : 신약   마태복음~요한계시록
     * 어느 학기든지 시작 가능하다. 2학기부터 시작하여 내년 1학기에 마쳐도 된다.

5. 요한계시록(종말론)학교 : 건강한 종말론을 통해 바른 신앙을 가지며, 이단·사이비 집단으로부터 예방하기 위한 학교이다(연 2회 개설).
   - 기간 : 4주   - 회비 : 2만원

6. 성경특강 : 성경을 기초로 다양한 '주제'들을 공부한다(예: 교회론·성령론·부부교실 등)
   * 기간 : 4주   - 회비 : 2만원

2. 최선을 다한 예배

　전도도 최선을 다했지만, 무엇보다 최선의 예배를 준비했다. 사람 많은 곳에서 설교하기는 어렵지 않다. 나도 그동안 부흥집회와 전도집회 강사로 활발하게 활동하면서 중·대형 교회에서 설교할 기회가 참 많았다. 설교하면서 느끼는 것은, 사람이 많으면 설교하기가 상대적으로 쉽다는 것이다. 경험상 100명의 성도 앞에서 설교하는 것보다, 5명의 성도 앞에서 설교하는 것이 100배 이상 더 어렵다는 것이다. 그러나 아무리 소수의 사람들이 참여한다 할지라도, 은혜가 있고, 하나님의 임재가 있는 예배를 이끌고자 최선의 노력을 다하였다. 나는 교회부흥의 핵심이 이것이라고 생각한다.
　소수의 사람들이 있다 해도 예배에 집중할 수 있는 예배순서와 설교 스타일을 터득해서, 그대로 진행을 하였다. 적은 숫자였고 비록 처음에는 기타 하나, 건반 하나로 찬양하는 예배였지만, 첫 번째 등록가정, 두 번째 등록가정 등 많은 분들이 예배 가운데 은혜를 경험하고, 등록하게 되는 역사가 있었다. 지금도 우리 교회를 선택하는 사람들의 대다수가 교회선택의 가장 큰 이유를 예배라고 말한다. 교회부흥의 가장 핵심은 다른 것이 아닌 예배라고 생각한다. 예배 가운데도 가장 큰 비중이 설교라고 생각한다. 따라서 최선의 예배, 최선의 설교를 준비하기 위해 노력하고 있다.

[예배시간 & 장소안내]

예 배			시간	장 소
주일 낮 예배		1부	10:00	7층 본당
		2부	11:30	
	3부	젊은가정예배 (아기와 함께)	1:15	
	4부	청년	1:30	8층 소예배실
주중 예배		새벽자유기도 (월~금)	5:30	7층 본당
		수요오전예배	11:00	
		금요심야기도회	밤9:00	
층별 안내	옥상 : 야외 휴게공간 8층 : 소예배실(중고등부, 청년부) 7층 : 본당, 영아부, 유치부, 사무실 3층 : 초등부실, 소년부실 지하 : 주차장 커넬큐브 6층 : 소그룹실(팀모임 장소)			

예배 및 모임			시간	장 소
다 음 세 대	영아부(1~3세)		1:15	본당(15분간)
	유치부 (4~7세)	1부	10:00	3층 소년부실
		2부	11:30	7층 유치부실
		3부	1:30(돌봄)	3층 소년부실
	초등부 (1~3학년)	1부	10:00	3층 초등부실
		2부	11:30	
		3부	1:30(돌봄)	
	소년부 (4~6학년)	1부	10:00	3층 초등부실
		2부	11:30	3층 소년부실
		3부	1:30(돌봄)	3층 초등부실
	청소년부		11:30	8층 소예배실
	청년부예배		1:30	8층 소예배실
신혼팀모임			12:30	유치부실
젊은가정팀(3부예배)			1:15	7층 본당
팀모임			팀별 시간 및 장소	

3. 전도

나는 현재에도 전도훈련 전문강사로 사역하고 있다. 특별히 관계전도에 대해서 교재를 개발하고, 강의와 부흥집회를 계속 인도하고 있다. 지난 10년 동안 여의도순복음교회, 분당할렐루야교회와 같은 초대형교회뿐만 아니라 작은 교회들에서도 전도관련 부흥집회를 인도하였고, 전도사역에 매진을 하면서 나름대로 전도에 대한 관심을 갖고 있었다.

우리 교회는 노방전도는 하지 않는다. 노방전도를 부정하는 것은 아니지만, 지역적인 특성상, 또한 여러 가지 시대적인 특성상 노방전도는 지양하고, 관계전도에 집중하고 있다. 관계 속에서 믿지 않는 자들과 좋은 관계를 맺고, 복음을 전하는 것을 훈련하고 있다. 물론 개척 초창기 때는 하루에 10~12시간씩 노방전도와 관계전도를 통해 최선을 다하였다. 최선을 다한 전도가 교회부흥의 비결이다.

4. 사역의 선택과 집중

개척할 때의 핵심은 선택과 집중이다. 한 명의 목회자가 모든 세대를 다 할 수 없다고 생각해서, 개척 초창기에는 30대 가정을 타깃으로 사역을 집중했다. 즉 모든 예배는 30

대들에 맞춘 예배를 드렸고, 30대 자녀들이 유치부가 많기에, 유치부 사역에 집중했다. 정말로, 30대가 가장 많이 오는 교회가 되었다. 지금도 성도들의 90%가 30대, 40대 가정들이다. 개척 초기에는 사역대상이나 사역 전반적인 면에서 선택하여 집중하는 것이 중요하다고 생각한다. 목사 혼자서는 모든 것을 할 수 없기 때문이다.

지금도 주변에서는 많은 이야기를 한다. 문화센터를 해라, 카페를 해라 등등. 그러나 사역자나 스태프가 많다면 할 수 있지만, 또한 필요성도 충분히 있다고 생각하지만, 시도조차 하지 않았다. 아직 지금은 예배와 교회의 본질에 집중해야 할 때이기 때문이다. 개척부터 지금까지 사역에서 무엇을 선택할 것인가와 선택한 것에 집중하는 것에 신경을 많이 썼다.

■ 청라기쁨의교회

교회주소 : 인천 서구 청라에메랄드로 102번길 26 서진프라자 3, 7, 8층
홈페이지 : www.joylove.org
전화번호 : 070-8253-1418
담임목사 e-mail : joyloveorg@naver.com

✹ 이승원 목사는 …

목사가 되기로 결심한 유년기 때부터 지금까지 다방면에서 다부지게 훈련된 목사이다. 특별히 가르치는 은사가 탁월하여, 설교와 강의하는 곳마다 청중의 호응을 얻고 있다. 프로그램과 이벤트가 넘치는 시대 속에서, 신앙의 가장 본질인 예배의 회복을 부르짖으며, 성령님의 기름 부으심과 은혜를 사모하는 은혜파 목사이기도 하다.

2009년, 그는 아무런 보장도 없는 부천 중동에 사모와 단둘이 기쁨의교회를 개척하여, 하나님의 은혜 가운데 부흥을 맛보며 건강한 교회를 이끌어가고 있다.

현재, JOY관계전도 훈련프로그램을 개발하여, 각 교회와 기관의 관계전도 훈련전문가로 활발하게 활동하고 있으며, 개척과 전도목회를 위한 양육시스템을 목회자들에게 코칭하고 있다.

저서로는 JOY관계전도, JOY양육, 어머니기도회 등이 있으며, 경희대학교에서 사회학을 전공하고, 연세대학교 연합신학대학원, 백석대학교 신학대학원, 총신대학교 선교대학원에서 공부하였다.

6

하나님이 일하시는 하늘꿈교회 개척 이야기

하늘꿈교회
김동석 목사

하나님이 일하시는
하늘꿈교회 개척 이야기

- 김인옥 사모

교회 개척을 하기 전, 남편이 부교역자로 사역을 하면서 우리 부부는 앞으로 단독 목회할 때 어떤 교회를 세울 것인가를 놓고 많은 대화를 했었다. 남편과의 첫 만남이 공동체 목회를 지향하는 어느 신학생 연합모임이었기에, 우리 부부는 공동체적인 목회를 하고 싶다고 늘상 말해 왔다.

그러나 부교역자로 10여 년간 사역하는 동안 남편은 남편대로 교회 사역에 바빠 지치고 힘들어 했고, 나는 나대로 부목사 사모로 교회 안에서 존재감 없이 교회생활을 해왔다.

1. 개척 전에 개척을 꿈꾸다

우리 부부는 그렇게 부목사 생활을 하는 한편, 하나님이 주신 감동으로 첫 아이 출산 후 두 아이를 입양하여 키우게 되었다. 부목사 사모로서 교회 안에서는 사역의 자리가 없다 보니, 나는 아이들을 입양하면서 공개입양 모임에 적극적으로 다녔고 입양홍보와 부모자조모임을 이끌어 가면서 '입양전도'(상담을 통하여 입양하도록 인도하는 사역)를 많이 하였으며, 입양가정 지역모임들을 만들어 활성화시키는 사역에 힘쓰기도 하였다.

그렇지만 남편과 나는 더 이상 부목사로만 사역을 계속하기에는 우리 스스로 한계를 느끼며 몸과 마음이 점점 지쳐갔다. 하나님께서 우리 부부를 부르신 하나님의 분명한 사명과 비전이 있기에, 그것을 시작해야 할 때가 가까워 왔음을 깨닫고 집중적으로 단독목회를 위해 기도하기 시작했다.

사실 개척 직전에 남편이 부목사로 사역하고 있던 교회의 부목사 출신의 다른 목회자들은 대부분 중형교회 담임목사로 위임받아 가거나, 아니면 전폭적인 지원에 의한 분립개척을 통해 형제교회로 개척을 하게 된다. 그래서 우리도 때가 되면 다른 목사님들처럼 어떤 식으로 단독 목회의 길을 찾아가야 할지를 놓고 고민하며 기도했다. 담임으로 위임받는 길을 선택하여 갈 것인지, 아니면 개척을 할 것인지 고민하다가 개척은 힘드니까 담임목사로 위임받아 가기를 남편에게 권했다. 세 자녀들과 안정된 생활을 하며 물질적인 어려움 없이 잘 키워보고 싶었기 때문이었다.

그래서 남편은 1년 반 동안 여러 교회에 이력서를 제출하고 설교를 하면서 담임목회지를 찾기 시작했다. 그러나 청빙이 거의 다 될 것 같은 교회들마다 번번이 안 됐고, 심지어는 '눈높이를 좀 낮춰' 지원한 지방 소도시에 있는 어느 작은 시골교회마저도 목사님은 좋은데 대도시의 큰 교회 출신이시라 부담된다며 청빙이 되질 않았다. 그렇게 남편이 번번이 담임목사 청빙에서 탈락될 때마다 나는 마음이 급해졌고, 그때마다 교회 기도실을 찾아 울면서 기도했다.

그러는 사이 경기도 안성으로 이사 간 집사님께서 경치 좋은 안성에 쉬러 오시라고 연락이 왔고, 우리는 임지가 열리지 않아 답답할 때마다 바람 쐬러 한두 번 안성을 다녀왔다. 그때 그 집사님 부부가 하는 말이 내 마음에 확 전해져 왔다. 안성이 살기 좋아 많은 사람들이 도시에서 내려와 전원주택을 짓고 살고 있는데 교회를 정하지 못해 떠돌고 있다고 하였다. 주변 지역 교회들이 전통적인 시골 교회들만 있어서 이들과 너무 안 맞아 여러 교회들을 떠돌다 서울에 있는 교회로 다시 돌아간다고 하였다. 그래서 목사님 같은 분이 오셔서 사역을 하면 믿는 사람들이 다시 찾아오게 될 기리고 하였다.

그동안 남편과 나는 공동체 목회를 하고 싶었고, 그런 목회에 걸맞은 환경인 시골에서 전원교회를 하고 싶었는데 그런 곳으로는 안성이 적합해 보였다. 그 집사님의 말을 듣고는 우리 비전도 있고 해서, 그 후 우리 부부는 안성을 수시로 드나들면서 교회 개척을 꿈꾸기 시작했다.

2. 산속 펜션에서 교회를 시작하다(2009년 1월 첫째 주일)

그러나 개척은 현실적으로 사람과 물질이 있어야 하는데, 그 당시 우리는 개척 멤버나 물질적인 후원과 기도 후원자를 모으는 것보다 마음만 들뜨고 급해서 현실적인 것들이 마음에 와 닿질 않았다. 개척이 무엇인지도 제대로 알지 못한 채 개척을 하겠다고 교회 앞에 말씀드리고 사임을 하고, 남편과 세 아이들을 데리고 앞으로 어떤 일이 기다릴지 알지 못한 채 살던 안산을 떠나 무작정 안성으로 내려왔다.

개척의 처음 시작은 작은 아파트로 사택을 얻고 안성시 삼죽면 내방리 산속 마을 안쪽에 작은 펜션을 보증금 4천만

◀ 처음
교회 장소로
사용했던
펜션하우스

원과 월세 35만원으로 교회를 시작했다. 집과 교회(펜션)와의 거리는 13km 정도 떨어져 있었다.

이때 나의 마음은 어느 곳에 가든지 하나님이 함께하시기 때문에 산속에서 교회를 시작해도 하나님께서 갈급한 영혼들을 보내주신다는 확신과 신념으로 가득했다. 그러나 산속의 작은 건물에서 교회개척을 시작하는 우리의 모습을 지켜보는 많은 분들은 하나같이 교회를 무슨 이런 곳에서 시작하느냐고 걱정들을 하였다. 그러나 우리는 아무런 어려움도 예상 못하고, 그저 어린아이처럼 드디어 개척하여 꿈에 그리던 우리만의 단독 목회지를 얻었다고 들뜨며 기뻐했다.

그곳에서 두 가정이 두 달간 예배를 드리던 어느 날, 가까운 곳에 있는 어느 대학교 앞에서 카페를 운영하는 사장님이 우리를 찾아오셨다. 이분과의 만남이 우리 교회의 사역의 비전과 역사가 시작된 그런 만남이었다.

▶ 펜션하우스에 세워진 소박한 입간판

그 사장님은 자신이 운영하는 카페 앞에 동아방송예술대학교가 있다고 소개하면서 그 대학의 학생들 이야기를 들려주었다. 그 대학에는 교회를 찾는 학생들이 많은데 근처에는 대학생들이 다닐 만한 교회들이 없어서 멀리 시내까지 가야 하는데, 거리나 교통편이 학생들이 편하게 다니기에는 많이 불편하고 힘들어한다는 것이었다. 그러다 보니 주일에 교회를 가지 못해 주일성수를 못하는 학생들이 많다는 것이었다.

사실 이분과 만남을 갖기 전, 우리 부부는 사택과 교회(산속 펜션)를 오고가는 길에 이 대학 앞을 많이 지나가게 되었는데, 지날 때마다 학교 주변의 많은 원룸들을 보면서 저곳에 누군가 대학생 사역을 하는 캠퍼스 사역자가 가면 많은 젊은 영혼들을 낚을 수 있는 '황금어장'이 될 거라며 손가락으로 가리키며 말했던 바로 그 학교였다.

그 말을 할 당시, 우리 부부는 우리가 아니라 누군가 그곳에 가면 좋겠다고 생각했던 것이었다. 왜냐하면 남편은 캠퍼스선교 단체에 있어본 경험도 없었고, 교회에서도 청년 대학생을 대상으로 전문적으로 사역을 해본 적이 거의 없었기 때문이었다. 남편은 주로 일반교회에서 장년 사역 경험이 대부분이었다. 나 또한 결혼 전 여전도사로 사역 경험은 있었지만 젊은 대학생들은 왠지 부담스러웠다. 대학생들과는 어떻게 소통해야 할지 생소했고, 더구나 이들은 방송예술 분야 대학생들인데 어떻게 선교해야 할지 사역의 감이 오질 않았다.

그러나 우리 부부에게는 그 카페 사장님의 말이 하나님의 음성처럼 들려왔다. 부교역자로 있었던 지난 세월 동안 앞으로 하나님의 부르심을 따라 사역을 해야 할 경우에 아무도 가지 않는 곳에 가서 사역을 해야 되지 않겠냐고 남편과 종종 얘기를 나누곤 했다. 왜냐하면 누구나 가고 싶어하는 사역지는 우리가 아니어도 갈 사람이 많지만, 아무도 가기를 꺼려 하는 사역지는 우리가 갈 때 하나님께서 우리를 통해 일하실 것이기 때문이다.

그런데 바로 지금 동아방송예술대학교 학생들의 처지와 상황이 지난 세월 우리 부부가 평소에 말하던 그런 상황이었다. 이곳은 사역자로는 아무도 오지 않는 곳인 데 비해, 젊은 영혼들은 많고 그들의 영적 필요와 갈급함도 가득한 곳이었다. 우리를 향해 그들의 간절한 부름이 있는 것같이 느껴졌다. 이런 부르심을 느끼게 되면서 사장님의 권유와 배려로 동아방송예술대학교 앞 '로뎀나무 아래서' 카페로 개척 시작 두 달 후에 주일예배 장소를 옮기게 되었다.

3. 교회 예배처소를 대학교 앞 카페로 옮기다
(2009년 3월 첫째 주일)

카페는 아직 오픈 전이라 사장님과 함께 청소와 오픈 준비 인테리어를 도와 드리면서 개강을 기다렸다. 새로운 시작에 대학생들을 기다리며 새로운 예배장소에 감사하고 설레었다. 그러나 교회를 알릴 수 있는 것은 카페 입구에 세워 놓은 조그만 입간판에 교회 이름과 예배시간을 적어 놓은 것이 전부였다. 그것도 주중에는 카페로 운영하는 곳이기 때문에 교회 입간판은 주일에만 세울 수 있었다.

드디어 주일예배 장소를 카페로 옮기고, 첫 주일이 2009년 봄 학기 개강과 함께 3월 첫째 주일이 되었다. 예배를 드리는 인원은 우리 가족 다섯 명과 첫 멤버가 되어준 집사님 가정 네 명, 총 아홉 명이었다.

예배를 준비하면서 '과연 이 카페를 교회라고 주일예배를 드리러 대학생들이 올까?' 하는 의문을 가졌다. 일반적으로 교회로 걸맞은 건물이거나 상가에 십자가를 걸고 교회로 꾸며 시작하는데, 우리 교회는 주중엔 카페인데 주일만 예배를 드리는 교회가 되었기 때문이다.

실내는 카페 의자와 테이블을 그대로 사용하고 중앙에 작은 보면대 하나 갖다 놓고 기대 반 걱정 반 하며 예배를 드리기 시작하는데, 카페 출입문을 열고 다섯 명의 대학생들이 들어왔다. 주일예배를 드리기 위해 남학생 네 명과 여학생 한 명이 들어온 것이었다(이들이 우리 교회 개척 역사에서 첫 열매가 되었다). 이때 들어온 학생들이 얼마나 반갑고 귀하던지 그때의 감격을 잊을 수가 없다. 그렇게 우리 교회는 대학생들과 첫 만남으로 대학생 사역과 교회 개척이 동시에 시작되었다. 그리고 카페에서 대학생들과 함께 예배를 드리기 시작하면서 매 주일 학생들이 늘어났다. 카페에서 예배드릴 수 있는 최대 인원은 30여 명 정도이고 점심은 집에서 도시락을 싸 와서 예배 후 학생들과 같이 먹었다. 하지만 카페에서의 시간도 오래가지는 않았다.

◀ 두 번째 교회 장소로 사용했던 '로뎀나무 아래서' 카페

▶ 카페 내부 (주일예배 때는 그대로 사용했음)

4. 교회가 동아방송예술대학교 채플실로 들어가다
(2009년 7월 첫째 주일)

하나님은 본격적으로 우리를 대학생 사역으로 이끌어 가셨다. '카페교회'로 시작한 지 4개월 후에 동아방송예술대학교 안에 있는 작은 채플실을 빌려 교회가 대학 캠퍼스 안으로 들어가게 하셨다. 이 대학은 기독교대학도 아니고 대학 내 아는 지인이 있는 것도 아니었지만, 남편이 총장님을 만나 우리 교회를 소개하고 학교 안에 있는 채플실을 빌려 줄 수 있겠냐고 말씀을 드렸더니 흔쾌히 매 주일마다 사용할 수 있게 허락해 주셨다. 게다가 사용료도 없이 무료로 이용할 수 있게 해주셔서 감사했다. 그렇게 우리 교회는 매주 동아방송예술대학교 채플실에서 예배를 드리기 위해 찾아오는 학생들과 주일예배를 드렸다.

우리 교회의 세 번째 주일예배 처소였던 동아방송예술대학교 주변에는 대학생들의 눈높이에 맞춰 사역하는 교회들이 없었고, 대학 내 캠퍼스 선교의 확실한 주체나 구심점도 없었다. 이단들도 호시탐탐 캠퍼스로 들어와 대학생들을 미혹하려 하며, 세속화된 주변 분위기의 영향 속에서 기독학생들마저 자기 신앙 정체성을 지키기가 어려운 상황이었다. 이러다 보니 캠퍼스를 영적으로 파수하며 대학생들을 말씀과 기도로 돌보는 사역이 시급했다. 그래서 우리 교회는 대학생들을 전도하며 말씀으로 양육하고, 그들이 건강한 신앙 정체성을 지키며 학교생활 하도록 지원하고 돕는 실질적인 캠퍼스 사역을 감당해왔다.

동아방송예술대학교는 방송과 대중문화예술 분야에서 특성화된 유망한 학교로서, 우리나라 방송예능문화 전 분야에 걸쳐 전문인을 양성하는 학교다. PD, 방송작가, 연예인, 연극·뮤지컬 공연배우, 탤런트, 개그맨, 대중가수, 영화인, 대중음악인, 각종 방송 종사자들을 배출하는 중요한 학교이기에, 이 학교는 기독교 선교의 전략적 가치와 잠재력이 큰

▲ 세 번째 교회장소로 사용했던 동아방송예술대학교 채플실에서 주일예배 장면들

▶ 예배를 인도하는 김동석 목사

곳이었다. 이 대학이 갖는 이런 특성 때문에 이곳에서의 캠퍼스 선교는 우리나라 방송문화계의 복음화로도 이어져 대중문화를 하나님 나라 문화로 바꾸는 데 중요한 곳이다.

이 대학은 특성상 밤늦게까지 공연이나 방송·영상 등의 현장학습과 동아리 활동을 하는 학생들이 많았다. 집을 떠나 멀리 유학 온 학생들을 위해 우리 교회가 할 수 있는 것은 캠퍼스로 그들을 찾아다니며 기도해주고 간식으로 샌드위치를 나눠주는 일이었다. 목사 사모인 내가 매 학기마다 100~200개씩을 직접 싸서 배고프고 외롭고 힘든 학생들을 찾아 캠퍼스 곳곳을 누볐다. 우리가 했던 이 사역이 마치 군대에서 군목과 군종들이 커피와 간식을 들고 초소를 방문하고 병사들을 위문하는 사역과 너무 닮았다고 남편은 말했다.

▼ 동아방송예술대학교 학생들의 공연 위문 때 교회 어린이들과 함께 찍은 사진들(우리 교회 사역현장)

밤새 공연 연습에 지친 (공연예술·방송연예 전공) 학생들은 우리가 들고 가는 '사랑의 샌드위치'에 눈시울을 적시며 감동을 받았고, 목사님의 축복기도에 안 믿는 학생들까지도 두 손을 모으고 진지하게 기도를 드렸다. 때로는 이들을 사택으로 초대해 '엄마표 집밥'의 맛을 보게 해주었고, 잠잘 곳에 없으면 잠자리도 제공해 주고 기숙사 짐을 옮길 때마다 교회 승합차로 도와주었다. 아프면 병원에 데리고 갔고 집에 데리고 와서 간병도 해주었다. 이들이 부모님을 떠나 객지에 와서 학교를 다니면서 우리 교회를 만나게 되었으니, 우리 부부는 이 학생들을 자식처럼 돌보았다.

이렇게 남편과 나는 전국 각지에서 집 떠나 온 대학생들에게 부모 노릇을 하였다.

동아방송예술대학 채플실에서 예배드리기 시작하면서부터 주일예배에 참석하는 대학생들이 매주 늘어가기 시작했다. 채플실 좌석이 총 60석인데 예배인원에 비해 늘 부족해서 강단에도 올라와 앉았고 통로에도 앉았으며 때론 서서 예배드릴 정도로 채플실이 차고 넘쳤다. 대학생들이 많이 찾아올 때는 120명이 넘을 정도로 작은 채플실은 꽉 차버렸.

심지어는 가까운 곳에 기숙학원 학생들 중에 예배를 드리러 오는 학생들이 있어 주일날이면 비좁은 채플실이 넘쳐났다.

이렇게 예배를 드리러 오는 학생들을 위해 매주 밥과 반찬·수저·접시 등을 차에 싣고 다녔고, 예배 후에는 채플실에서 밥과 반찬을 나누며 점심을 먹었다. 공연 연습 때문에 예배 후 같이 점심을 못 먹는 학생들을 위해서는 주먹밥을 40개 정도 따로 준비해서 나눠 주었다. 우리는 이렇게 만나는 대학생들과 함께 교회를 세우며 캠퍼스를 우리 교회의 주 사역지로 삼게 되었다.

그런데 이렇게 매주 대학 내 채플실에서 교회를 하다 보니 대학생들이 많이 찾아오는 건 좋은데 그에 비해 몇 가지 아쉬운 점들이 있었다. 매 주일마다 식사봉사가 힘든 과제였다. 또한 교회를 알리는 간판 하나 세울 수 없었고, 그러다 보니 주변지역에서 전도지라도 돌리며 교회를 알릴 수 없었다. 그리고 장년들도 대학생들과 같이 예배드리는 대학 안의 교회생활에 익숙하지 않았다. 다른 일반교회들과 같은 예배 장소가 아니다 보니 장년들이 쉽게 찾아오지 않았고 한 번 왔다가 돌아가는 사람들도 있었다. 그렇지만 대학생 사역은 늘 활기가 넘치고, 학생들을 만나면 만날수록 학교 특성상 끼와 재능이 많은 젊은이들이라 우리에게 기쁨과 즐거움을 주었다.

이런 기쁨과 보람이 있는 한편, 대학생 사역의 어려움과 외로움도 있었다. 그것은 방학기간과 졸업이 있었기 때문이었다. 여름방학 두 달 동안, 겨울 방학 석 달 동안 학생들을 고향집으로 보내놓고 텅 빈 채플실에서 우리 가족과 몇 명의 장년들과 예배를 드리려면 말할 수 없는 허전함과 외로움이 밀려 왔다. 그리고 신앙이 자라고 정들 만하면 졸업을 하고 캠퍼스를 떠나는 학생들을 보낼 때마다 마음 한 켠이 엄청 시려왔다. 가지 말라고 붙들 수도 없고, 취업해서 멀리 가도 주말마다 우리 교회를 나오라고 붙잡고 싶은 마음이었지만 졸업하는 학생들을 축복하며 보내야만 했다.

이렇게 해마다 졸업식 때마다 찾아가서 꽃다발 안겨주고 기념사진 찍고 밥 한 끼 같이 먹고 기도하고 떠나보냈다.

그렇게 우리는 동아방송예술대학교 채플실에서 2년 반 동안 교회 장소로 삼아 예배를 드리며 캠퍼스 안에서 대학생 사역을 해왔다. 학교 측에서는 우리가 처음 학교에 들어갈 당시, 3년만 빌려 주기로 했었기에 우리 교회도 학교 장소를 빌려 예배드리고 사역하는 것을 계속하기에는 여러 가지 제약이 너무 많았다. 그래서 이런 어려움도 해결하고 지역 교회로서 자리 잡기 위해 캠퍼스 밖으로 교회 장소를 옮기는 계획을 세우게 되었다.

방학 때나 주말에 혹은 취업 전에 학교 근처에 남아 있고 싶어하는 학생들이 있는데, 잘 곳이 마땅치 않아 친구 집에 얹혀 있거나 어쩔 수 없이 고향으로 내려가는 학생들이 있었다. 그들을 보면서 교회가 건물을 갖고 있으면 그런 학생들을 위해서 쉴 곳과 잠잘 곳을 제공해 줄 수 있기에 교회 장소가 될 만한 곳을 학교 주변에서 찾아다녔다.

5. 교회 건축을 위해 기도로 준비하다(2011년)

그러나 학교 주변엔 교회를 임대할 건물이 마땅히 없었고, 학교 주변은 논과 밭이 있는 농촌이기에 큰 도시처럼 상가건물이 많지 않았다. 그렇다고 우리 교회가 교회를 건축할 만한 재정이나 헌신할 만한 장년교인이 많은 것도 아니었다.

그 당시 대학생들 외 장년 가정은 다섯 가정이 전부였다. 우리 부부는 이 일을 놓고 머리를 맞대고 고민하면서 하나님만 바라보며 매달렸다.

'하나님! 이제 더 이상 이 대학 안에서는 교회를 할 수 없는데, 저희는 어디로 가야 합니까? 우리마저 이 사역을 접고 이곳을 떠나면 이 젊은 학생들은 다들 '영적 고아'가 되어 방치되는데 어떡해야 하나요? 차마 이들을 버리고 다른 데 가서 사역할 수는 없고….'

'하나님! 우리 부부를 동아방송예술대학 캠퍼스 사역으로 부르셨다면, 이 사역을 끝까지 감당할 수 있는 교회 건물을 우리에게 주시옵소서.'

우리 부부는 이렇게 간절히 기도하였다. 그렇게 기도하며 찾던 중 전에 한 번도 생각해 보지 않은 '성전건축'이 시작되어 버렸다.

상가건물이라도 임대해서 교회를 옮기면 쉬운 일인데 교회를 건축한다는 것은 우리에게 너무 큰 과제였고 부담이었다. 그러나 상가를 보러 다니던 우리 부부가 땅을 보러 다니기 시작했고, 마침 적당한 땅을 찾게 되어 처음 시작할 때 교회 건물로 이용했던 펜션하우스 보증금과 얼마 안 되는 적립된 헌금과 대출받은 돈으로 논 460평을 사버렸다.

땅을 사고 보니 실감이 나지 않았다. 과연 우리가 교회를 논 한가운데에 건축할 수 있을까? 건축할 재정은 어디서 모으며 건물은 어떻게 지을 것인가? 참으로 우리 부부에게는 '겁나는 일'이었다. 그러나 겁이 나면서도 교회건축에 관련된 일은 순적이 풀리는 방향으로 진행되었다.

본래 토지를 매입한 이 지역은 종교시설로 개발허가가 어려웠던 지역이었는데, 갑자기 법규가 바뀌어 종교용지로 건축허가를 받을 수 있었다. 하나님께서 종교시설로 교회건축을 할 수 있도록 주변 환경을 삽삭스럽게 바꿔가셨다. 우리는 아직 준비가 덜 되어 있고 부족한데, 하나님께서 성전을 지으라고 응원하고 계시는 것처럼 느껴졌다.

땅을 매입한 후 논에 흙으로 매립을 하고, 두 계절을 지내면서 컨테이너를 하나 갖다 놓고 기도를 하기 시작했다. 시간이 지날수록 건물을 지어야겠다는 마음의 부담이 커졌지만 당장 교회를 지을 재정이 한 푼도 없었다. 펜션 임대 보증금과 조금 모아놓은 헌금은 땅을 사는 데 이미 다 지불되었다. 그리고 건물이 한두 푼으로 지어지는 것도 아니기에 막막하기만 했다. 그저 하늘만 바라보며 하나님께 손을 내밀 수밖에 없었다.

그러던 어느 날 한 사람이 생각났다. 내가 20살 청년 때 폐결핵에 걸려 어느 결핵병원에 장기 요양한 적이 있었는데 그곳에 교회가 있었다. 그곳에서 같이 신앙생활을 했던 간호사 언니였다. 우리가 개척할 때부터 매달 후원금을 보내주고 기도해 주던 언니 권사님이 생각이 났고, 그분에게 건축 재정의 일부라도 빌려야겠다는 생각이 떠올랐다.

그러나 용기가 나지 않아 사택 근처에 있는 종합운동장에 가서 운동장을 돌기 시작했다. 여호수아가 가나안 땅으로 들어가기 위해 여리고성을 돌았던 것처럼 내가 할 수 있는 최선을 다해 기도하면서 운동장을 돌았다.

'하나님! 성전을 짓고 싶은데 지금 김 권사님에게 전화를 하려고 합니다. 제 입술을 담대하게 해주시고 권사님의 마음도 같은 마음이 되어 돈을 빌려 줄 수 있게 해주세요.'

이런 간절한 기도를 하면서 운동장을 일곱 바퀴 돌고 난 후 전화를 걸려고 핸드폰을 켰다. 그렇지만 또 용기가 나지 않아서 핸드폰을 붙잡고 또 기도한 후에 문자를 보냈다.

"언니! 우리 교회를 건축하려고 땅은 샀는데 성전을 지을 돈이 없어서 언니에게 빌리려고 합니다. 기도해 보시고 마음의 감동이 있으면 연락 주세요."

문자를 보내고 마음이 얼마나 힘든지, 좋은 사이가 이 일로 인해 벌어지고 서로 서먹해질까 봐 마음 졸이며 답장을 기다렸다. 잠시 후 답장이 왔다.

"인옥아! 얼마 빌려줄까?"

차마 내 입으로는 얼마를 빌려 달라고 말하기 힘들어서 망설이고 있는데 다시 문자가 왔다.

"무이자로 1억 2천만원 빌려 줄게. 그 대신 남편이 믿음이 없어서 1년 후에 갚아 줘야 돼."

그렇게 재정이 들어와서 교회 건축이 시작되었다.

6. 성전 건축을 시작하다(2011년 10월)

본격적으로 교회 건축이 시작되었는데 여러 가지 피치 못한 사정으로 좋은 계절 다 보내고 초겨울에 공사를 시작했다.

추운 벌판에서 남편과 나는 건축의 '건'자도 모르면서 직영(건축업자에게 맡기지 않고 건축주가 직접 짓는 것)이라는 방식으로 건축을 시작했다.

이때도 우리는 겁 없이 건축에 덤벼들었다. 그렇게 하는 것이 건축 재정을 아낄 수 있는 방법이라 생각하여 직접 업자들을 선정하여 건축을 시작했는데 너무도 힘든 시간들이었다. 남자들의 군대생활처럼 다시 돌아가고 싶지 않은 끔찍하고 가슴 철렁하고 숨 막히고 죽을 것 같고 앞이 안 보이는 경험이었다. 하지만 그런 가운데 참으로 매서운 한겨울을 건축과 함께 벌판에서 찬바람을 이겨내며 교회 건물을 세웠다.

부족한 건축 재정을 채우느라 사택을 팔고 우리 아이들 통장을 다 깨도 턱없이 부족했다. 그래서 부족한 재정을 채

◀▼ 건축 부지를 매입하고 성도들과 대학생들이 함께 기도로 교회 건축이 시작되다

우느라 잠 못 이루는 밤이 많았고, 한겨울 공사라 부실 공사가 될까 봐 날씨를 주관해달라고 벌판에 서서 손을 들고 하나님께 기도했다.

　공사하는 교회 건물을 수시로 드나들며 잡다한 일을 하며 손이 트고 손톱이 갈라지고 몸과 맘이 고단해도, 시작된 건축은 쉼 없이 진행되었다.

　대학생들과 몇몇 성도들과 건축자재를 나르고 건축 쓰레기를 치우고 건축업자들에게 줄 간식을 나르고, 때론 밥까지 해 주며 그해 추운 겨울은 건축과 함께 들판에서 시간을 보냈다.

　무엇보다도 거친 건축업자들과 상대하며 마음 상하고, 이해 안 되는 건축 용어를 들으며 순간순간 선택해야 하는 건축 과정이 힘들었다.

　'남편도 나도 뭘 좀 알아야 건축을 하든 하지.'

　우리 부부는 건축에 관해 도대체 아는 게 없었다. 누구에게 붙잡고 물어 볼 사람도 없고, 물어 봐도 사람들마다 각자 견해가 달랐다. 신학교마다 새로이 과목이 신설된다면 교회개척과 교회건축 강의가 있으면 좋겠다는 생각을 했을 정도다.

　우리가 너무 몰라 그저 할 수 있는 건 기도뿐이었다.

　'하나님, 잘 모르겠어요. 도와주세요. 예쁜 교회 짓게 해 주세요. 학생들이 와서 예배드리고 쉬었다 갈 수 있는 예쁜 교회요.'

그래서 마지막 인테리어 작업을 할 때는 콘셉트(concept)를 잡고 예쁘고 따뜻한 색깔을 골라 성전 내부를 마감했다. 그리고 학생들이 쉬어 갈 수 있는 게스트 룸도 여러 곳에 만들었다.

준공이 떨어질 때까지 부족한 재정을 채우느라 우리 부부는 기도하면서 여기저기 후원을 요청했지만 생각보다 후원해주는 교회들이 많지 않았고, 그동안 알고 지내던 분들에게도 어렵게 후원 요청을 했지만 도움을 받지 못했다.

건축 완공 후 교회 전경

새 예배당에서 예배드리는 모습

그러다 보니 가까운 가족과 형제들에게 도움을 요청하게 되었다. 감사하게도 양가 어머님들과 형제들이 도움을 주었고, 그 외에 생각지 못한 분들이 조금씩 후원하여 건축을 도와주었다.

드디어 그 다음해 2012년 1월 말경 3개월간 건축을 마치고 마침내 준공이 떨어졌다.

첫 예배를 드리던 주일에는 예배당에 의자가 없어 돗자리를 깔고 예배를 드렸지만 너무도 감격스럽고 감사와 기쁨이 넘쳤다. 안성지역 복음화와 청년대학생을 위한 젊은이 사역을 할 수 있도록 성전을 허락해 주신 하나님께 너무나 감사했다.

7. 성전건축과 함께 '아들'을 선물로 주시다
(2012년 4월 20일)

우리 가정을 잠시 소개하자면, 첫 아들 출산 후 2003년 1월 17일 6개월 된 아들을 입양하였고, 2005년 6월 10일 4개월 된 딸을 입양하여 공개입양으로 양육하고 있었다.

처음 입양을 시작한 이후에 (사)한국입양홍보회라는 공개입양단체에서 활동하며 입양홍보와 활성화를 위해 봉사하였고, 각종 매스컴이나 방송에도 출연하여 국내입양 활성화에 힘썼으며, 공개입양가정 지역모임 활성화와 입양상담을 통해 시설에 있는 아기들이 크리스천 가정들에 60~70여 명 입양되도록 도왔다.

입양도 전도이고 하나님 나라 확장이며 그의 나라와 그의 의를 구하는 사역이기에, 열정을 다해 봉사하고 섬기며 사역으로 일해 왔다. 입양사역 또한 너무 보람 있고 하나님께서 최고로 기뻐하시는 사역임을 느낄 수 있었다. 가정은 아기를 만나서 변하고 새로워지고 기쁨이 넘치고, 아기는 부모와 가족을 만나 새로운 삶을 살게 되니 어찌 이보다 더 귀한 만남이 있을 수 있으랴.

그래서 안성에 내려와서도 교회 개척과 동시에 안성평택 지역 입양가족 모임을 만들었고, 그 후 7년이 된 지금은 회원이 60~70명으로 늘어날 정도로 크게 부흥하게 되었다. 너무나 감사했다. 요즘같이 교회의 대사회적 이미지가 추락하는 어려운 시기에 우리 크리스천들이 나서서 입양을 통해 하나님 나라를 확장해가면 좋겠다고 생각했다.

우리 가족이 목회자 가정이다 보니 특별히 주변에 아는 목사님 가정들이 입양을 많이 하게 되었다. 입양가정들이 모일 때마다 기도하고 입양한 자녀들을 기도와 하나님의 말씀으로 양육하고 주님의 사랑으로 품으며 살아가는 아름다운 입양 스토리가 넘쳐나는 지역으로 성장했다. 이렇게 입양전도 활동과 교회 개척을 동시에 하면서 성전건축까지 무사히 마쳤다.

한편, 건축 후 나는 새 성전 건축과 입당으로 인해 감격과 감동 속에 지냈다. 그러던 어느 날 새벽기도를 하는 중에,

'하나님! 새 성전을 주셔서 감사합니다. 이 전(殿)을 가득 채워 주소서.'

라고 간절히 기도하고 있었다.

그렇게 기도하는 중에 갑자기 한 대학생이 떠올랐고, 그 학생의 어린 시절이 보이면서 혼자 구석에서 울면서 엄마를 찾는 모습을 보여주셨다. 그 학생은 우리가 처음 카페에서 예배드릴 때 찾아온 첫 번째 대학생들 중 한 명이었고, 졸업 후 학교 조교로 남아서 우리 교회를 계속 출석하고 있었다. 방학 때나 명절에도 집에 가지 않고 안성에 남아 교회에 출석하고, 예배 후 늦게까지 남아서 뒷정리를 도와주고 친구들을 많이 전도해서 데리고 온 학생이었다.

한번은 교회 건축할 당시, 남편이 교회의 대학생들 여러 명을 불러 건축 공사 일을 시킨 적이 있었다. 일당 5만원씩 주고 건축 일을 도우며 봉사하도록 시켰는데 그 학생은 3일 동안 일하고 받은 일당 15만원을 전부 건축헌금으로 드렸다. 다른 학생들은 자기 몫을 다 갖고 갔는데 그 학생만 유일하게 몽땅 헌금을 하였던 것이다.

그 학생이 며칠 전 남편을 찾아와 자신의 신상을 고백했다. 자신은 어릴 적 부모님이 다 돌아가시고 11살 때 보육원에 들어가 대학 들어오기 전까지 보육원에서 자랐다는 것이

다. 그래서 자신은 부모님이 안 계신다는 것이다. 자신이 고아인 것을 말씀드리면 자신에 대한 선입견을 갖고 멀리하실까 봐 그동안 비밀로 해왔다고 했다. 그렇지만 이제는 더 이상 목사님께 비밀로 하는 것이 목사님께 대한 예의가 아닌 것 같아 용기 내어 말씀드린다고 했다.

바로 그 학생을 하나님께서 새벽기도 중에 보여 주신 것이다. 어린 시절 보육원에서 혼자 구석에 앉아 울고 있는 모습을…. 그 모습에 나도 모르게 같이 울었다.

그때 하나님의 음성이 내게 분명히 들려 왔다.

"네 아들이다. 네 자식으로 품어라."

너무도 생생하고 뚜렷하게 들려왔다. 그 음성을 듣는 순간 나는 울면서,

"하나님! 저는 그동안 교회 개척과 성전 건축이라는 이것만 붙들고 앞만 보고 달려왔는데, 하나님께서는 어떻게 이런 일을 준비하셨나요?"

하나님의 음성이 내게는 너무나 큰 감동이었다. 나는 하나님께 왜 23살 된 청년을 아들 삼으라고 하는지 물어야 하는데 그저 감격스러웠다. 내 생각과 하나님의 생각이 다르며, 내 생각은 땅의 일을 생각한다면 하나님은 하늘의 생각을 하시는 것처럼 하나님의 계획이 너무나 놀라울 따름이었다.

감격 속에 한참을 울다가 기도를 마쳤다. 그 후 남편과 세 자녀들과 의논하고 그 학생을 우리 자식으로 받아들이기

로 했다. 지금 그 아들이 성인입양의 절차를 밟고 우리 가족의 호적에 올라 우리 집 장남이 되었다. 큰아들이 우리 집에 들어오기까지는 많은 사연과 극복해야 할 어려움들이 있었지만, 결국 하나님은 우리 가정에 큰아들을 보내주셨고 세 번째 입양자녀를 품는 기쁨을 주셨다.

우리 부부는 개척할 때도, 자녀들을 입양할 때도 누구와도 의논하지 않고, 하나님께서 감동 주시면 바로 그 감동대로 실행해 버렸다. 왜냐하면 의논할 때 개척을 찬성해줄 사람도 없을 것이고, 입양을 찬성하며 지지해 줄 사람도 없을 것이기 때문이다. 왜냐하면 하나님은 우리 부부에게 감동을 주시고 순종하게 하시기 때문에, 그리고 한 번도 우리를 실망시킨 적이 없으셨기 때문이다. 입양도 교회 개척도 힘들다면 힘들 수 있지만 하나님은 우리 부부만이 알 수 있는 은혜와 기쁨을 주셨다. 출산한 자녀와 입양한 자녀 셋을 잘 양육하게 하셨고, 교회도 더디지만 조금씩 성장해 가게 하셨다.

우리 집 큰아들을 성인입양하는 사건을 통해 하나님은 많은 일들을 하셨다. 본격적으로 큰아들을 중심으로 교회 대학부가 세워졌고 큰아들이 구심점이 되어 대학생들이 헌신하고 봉사하면서, 우리 교회는 대학생 중심의 젊은 교회로 자연스럽게 자리잡아 가기 시작했다. 대학생들도 우리 집 큰아들을 보면서 전에는 자기들과 같은 교인이었는데 어느 날 갑자기 목사님의 자녀가 되는 걸 보면서, 우리 부부를 더욱 신뢰하고 전적으로 믿고 따랐다. 그래서 우리 교회 대학부 졸업생들이나 재학생들은 나를 '안성의 어머니'라고 부른다.

큰아들이 우리 집에 들어와 같이 산 지 4년이 됐는데 그동안 교회가 청년대학생 중심으로 든든하게 세워졌으며, 우리도 학생들을 대할 때도 다들 큰아들의 후배이자 선배들이고 동기이기에 자식 친구들과 선후배들처럼 가깝게 대한다.

그러다 보니 이제는 대학생 사역의 7년 차를 보내면서 떠나갔던 졸업생들이 종종 찾아오고 잠깐씩 쉼과 충전 시간을 갖고 다시 일상으로 돌아들 간다. 그래서 졸업생들은 우리 교회를 마음의 고향과 같은 교회로 생각하고 있고, '안성의 영적 어머니·아버지가 계시는 모(母)교회'로 추억하고 있다.

◀▼ 김동석 목사 가족

지금 우리 가정의 다른 자녀들도 교회를 섬기며 각각 예배 찬양팀에서 봉사하고 있다. 큰아들은 드럼을 치고 둘째 아들은 일렉기타, 셋째 아들은 베이스기타로 봉사하고 있다.

어린 자녀들을 데리고 무작정 안성에 내려와 교회를 개척하였는데, 지금은 이 자녀들이 교회의 중요한 일꾼들이 되어 부모님의 사역을 돕는 동역자가 되고 있다.

특히 우리 집 큰아들을 만난 것은 하나님께서 우리 부부에게 대학생 사역이 사명이라는 것을 재확인시켜 주는 사건이 되었고, 앞으로도 잘 감당하라는 하나님의 사인(sign)이자 큰 선물이 되었다.

8. 청년 대학생들과 함께 하나님 나라 공동체를 세워가다(현재)

우리 부부는 아무런 연고나 배경도 없던 낯선 안성 땅으로 아브라함처럼 부름받아 와서 교회를 개척하였다. 준비된 개척멤버나 아는 사람 하나 없이 왔지만 주님의 특별한 인도하심 속에서 이곳까지 와서 교회를 개척하였다.

그동안 교회 역사를 정리하면서 개척이 뭔지도 모르고 안성에 내려왔다가, 하나님이 이끄시는 대로 교회를 옮기고 성전을 건축하면서 대학생 사역을 감당해 왔던 것이 모든

게 하나님의 은혜임을 고백한다. 생각지도 못한 청년대학생 사역이라는 새로운 소명을 받게 되었고, 영적인 불모지와 같은 이곳 안성에서 청년들과 대학생들을 만나 복음을 전하고 키우는 소명을 받아 청년공동체교회를 세우게 되었다.

현재 우리 하늘꿈교회는 동아방송예술대학교와 한경대학교, 그 외 안성 내 청년들을 대상을 중점적으로 사역하고 있다. 현재 교회 출석인원의 절반 이상(약 60%)이 대학생들

▲ 교회설립 6주년 기념주일에 예배를 인도하는 김동석 목사

▲▶ 하늘꿈교회 청년대학생들

과 청년들로 구성되어 있다. 최근에는 그동안 기도하며 전도했던 한경대학생들과 안성에 살고 있는 젊은 청년들이 우리 교회를 찾아오기 시작한다.

우리 교회가 감당하는 사역은 이렇게 우리 교회를 찾아오는 청년대학생 젊은이들을 영적으로 양육하고 훈련하고, 자기 분야에서 하나님 나라를 품는 사회 선교사들로 영성과 역량을 갖추게 하여 파송하는 것이다. 우리 교회는 지금까지 이런 비전과 목표를 갖고 청년대학생들을 키워가고 있다. 이들이 우리 교회를 중심으로 초대교회와 같은 성령의 공동체를 경험하여 서로 하나 되고 교제하며 섬기고, 복음적 신앙으로 자기들의 삶의 현장인 캠퍼스와 직장으로 나아가 하나님 나라를 세워가도록 하고 있다.

젊은이 사역이 하나님이 우리 부부에게 주신 소명이기 때문에, 이 시대 영적으로 갈급하고 방황하는 청년들을 전문적으로 목양하는 교회로 부름받아 사역을 감당하고 있다.

우리 하늘꿈교회는 아직도 미약하고 부족한 것이 많다. 그동안 대학생 사역을 하면서 거쳐 갔던 많은 학생들을 졸업과 함께 다 떠나보내다 보니 성장한 교회로서의 모양을 갖춰 가는 데 시간이 더디었기 때문이다. 하지만 우리 교회는 동아방송예술대학교와 한경대학교, 그리고 안성에 살고 있는 젊은이 사역을 계속할 것이며 이들을 양육하여 주님의 나라를 꿈꾸게 할 것이다. 이 시대 청년대학생들을 영적으로 깨우며 하나님 나라 일꾼으로 키우는 사역에 집중하여 하나님이 기뻐하여 사용하시는 교회, 하나님이 일하시는 교회, 영혼을 살리고 양육하는 교회로 세워갈 것이다.

지금도 교회 목사 사모의 모습이기보다는 학생들을 밥 해 먹이는 '안성 엄마'로서 청년들을 책임지고 하나님의 말씀으로 양육하고 기도로 후원하며 주의 자녀들로 키우고 있다. 그러면 이들이 방송과 영상·미디어·공연예술·대중문화 등 각계각층에서 하나님 나라를 세워가는 문화선교사로 서 갈 것을 날마다 기도하고 있다. 앞으로 이들이 하나님의 은혜로 우리 부부보다 더 큰 일을 감당하리라 믿는다.

그동안 교회를 개척하고 자녀들을 입양하며 살아온 지난 시간들을 돌아보면, 하나님 안에서는 무엇 하나 버릴 게 없고 모든 것이 합력하여 선을 이루게 하심을 느낀다.

우리 부부가 교회 개척을 위해 안성에 내려온 것, 동아방송예술대학교를 만나 대학생 사역을 시작하게 된 것, 성전 건축을 하게 된 것, 큰아들을 만나 성인입양으로 한 가족이 된 것 등 무엇 하나 우리 부부가 미리 생각하고 계획한 것이 없었다. 모든 것이 하나님의 생각과 계획이었으며 그분의 시나리오였다.

▲ 교회설립 6주년을 맞이한 하늘꿈교회 전교인

또한 우리 부부는 개척을 시작하기 전에 공동체 목회에 대한 비전을 품고 있었는데, 지금까지의 모든 과정을 통해서 우리가 품은 그 꿈도 주님이 이루어가고 있음을 깨닫는다. 하나님이 일하시고 역사하셨음을 고백하지 않을 수 없다.

다시 한 번 지금까지 우리와 함께하시고 안성에 하늘꿈교회를 세워서 이 시대 방황하는 젊은이들을 주님께로 인도하고, 그 사명을 잘 감당할 수 있도록 도우신 하나님께 모든 영광과 감사를 올려드립니다. 주님! 감사합니다. 주님! 사랑합니다.

■ 하늘꿈교회

- 교회주소: 경기도 안성시 금광면 신양복길 18-30
- 홈페이지: www.하늘꿈교회.com
- 교단: 대한예수교장로회 합동
- 전화번호: Tel. 031) 674-3376
  Mobile. 010-6745-4662
  - 담임목사 e-mail : 김동석 목사
    joykds@hanmail.net

✽ 김동석 목사는 …

김동석 목사는 어릴 때부터 목회자로 서원하신 부모님의 기도와 신앙을 바탕으로 목회자로서 준비된 길을 걸어왔다. 대한예수교장로회 합동교단에서 신앙생활과 목회생활을 해왔다. 20대 후반부터 사역자로서 다양한 사역경험을 쌓으면서 목회훈련을 받았다. 특히 여러 세대와 소통하는 일과, 말씀을 가르치는 일에 뛰어난 은사를 가졌다. 상담과 설교·

강의 등을 통하여 복음과 말씀을 가르치고 훈련하는 사역에 열심을 갖고 있으며 많은 열매도 얻고 있다.

2009년, 아무런 연고와 기반도 없이 가족과 함께 혈혈단신으로 안성에 내려와 하늘꿈교회를 개척하였다. 처음에 교회 처소를 얻지 못하여 동아방송예술대학교 채플실을 빌려 예배드린 것이 계기가 되어 대학생 사역을 시작하게 되었고, 현재 청년대학생 중심의 목회를 하게 되었다. 지금은 누구보다도 이 시대 청년대학생들을 사랑하며 그들의 영적 부모가 되기를 자청하고, 미디어문화선교사들로 그들을 키우는 사역에 전력을 쏟고 있다.

교회 사역과 함께, 동아방송예술대학교 채플을 맡아 캠퍼스에서 성경, 기독교 특강, 내적치유 등의 강의와 워크숍을 하여 대학생들로부터 많은 호응을 얻기도 하였다. 또한 (사)한국입양홍보회 목회자입양가정모임 대표로 섬기면서, 국내 입양 활성화와 건전한 입양문화를 알리는 대사회적 봉사

▶ 김동석 목사

활동을 사회선교의 일환으로 감당하고 있다. 이런 봉사활동들이 사회적 공적(功績)으로 인정되어 제9회 입양의 날(2014. 5.11) 대통령 표창을 수상하였다.

개척을 하기 전에는 군선교사, 안산동산교회 및 서울성도교회 부목사 등으로 다양한 목회경험을 쌓았으며, 총신대학교(B.A)에서 신학과 영어교육을 전공하였고, 총신대학교신학대학원(M.Div)에서 목회학 석사, 그리고 아세아연합신학대학교대학원(Th.M)에서 신학 석사로 졸업하는 등 신학수업과 목회훈련을 충실하게 받았다.

✤ 김인옥 사모는…

김인옥 사모는 모태신앙으로 어릴 적부터 시골교회를 다니면서 평범한 크리스천으로 살아왔다. 고등학교를 졸업하고 사회 초년생 시절에 고난의 경험을 통해 주님을 만나 은혜의 체험을 한 후부터 인생의 전환점을 맞이하기 시작하였다. 복음의 일꾼으로 소명의식을 느껴 영락여자신학교(예장통합교단)에 입학하여 3년간 신학수업과 경건훈련 및 목회훈련 등을 통하여 사역자로서 준비하였고, 신학교 졸업 후에는 작전중앙교회와 광진교회에서 여전도사로 사역하였다. 지금은 목회자 사모로서 남편과 함께 교회를 개척하여 세워가고 있다.

결혼 후 자녀들을 입양하여 입양가정으로 살아가면서 자연스럽게 '입양전도'의 사명감을 갖게 되어, 지금까지 입양을 홍보하고 상담하며 입양을 장려하는 데 힘쓰는 삶을 살아왔다. 그러다 보니 지난 십수 년 동안 60여 가정들이 새롭게 입양하게 되는 입양전도의 열매를 얻게 되었다. 이로 인해 여러 교회들과 교단 집회, 그리고 학교 등에서 입양간증 강사 및 입양홍보 강사로 활동하였다.

또한 입양가정들을 위한 자조모임을 결성하여 입양가족 지역모임을 만들고 오랫동안 모임의 대표로 섬겨왔다. 경기서부지역, 안산지역, 안성평택지역 모임을 만들었고 모임이 활성화되도록 봉사해왔으며, 이 모임들에서 입양에 관련된 다양한 교육·결연·상담·홍보 활동을 펼쳐왔다. 그래서 김인옥 사모는 '입양전도사'라는 또 다른 닉네임을 갖게 되었다. 교회에서는 청년대학생들을 키우고 양육하는 영적 부모로서, 입양모임에서는 시설의 아동들을 가정으로 입양 보낼 뿐만 아니라 입양한 가정들이 건강하게 세워지도록 돕는 입양전도사로 살아가고 있다.

▶ 김인옥 사모

목회 개척 수기

지은이 : 이상렬 목사 외 5인
초판일 : 2016년 6월 24일

펴낸이 : 김혜경
펴낸곳 : 도서출판 나됨
http://www.nadoem.co.kr
주소 : 서울시 은평구 역촌동 68-33(3층)
전화 : 02) 373-5650
　　　 010-2771-5650
등록번호 : 제 25100-1998-000010
등록일자 : 1998. 2. 25

값 : 10,000원

저자와의 협의하에 인지를 생략합니다.
ISBN 978-89-94472-31-7　03230